Z.

V 700
Zf. 2

396

L'ART
DU
FABRIQUANT D'ÉTOFFES DE SOIE.

CINQUIEME SECTION,

CONTENANT

L'Art du Remisseur ou Faiseur de Lisses, tant pour les Etoffes de Soie, que pour les autres Etoffes, comme Draps, Toiles, Gazes, &c.

Par M. PAULET, Dessinateur & Fabriquant en Étoffes de Soie de la Ville de Nîmes.

M. DCC. LXXIV.

L'ART DU FABRIQUANT D'ETOFFES DE SOIE.

Par M. Paulet, Deſſinateur & Fabriquant en Étoffes de Soie, de la Ville de Nîmes.

CINQUIEME PARTIE.

Art du Remiſſeur *ou Faiſeur de* Liſſes, *tant pour les Etoffes de Soie, que pour les autres Etoffes, comme Draps, Toiles, Gazes, &c.*

INTRODUCTION.

Des Liſſes en général, & de leur uſage.

Il n'eſt aucun genre d'Etoffes, ſoit de Toiles, de Draps, de Gazes, &c. qu'on puiſſe former ſans *Liſſes*; c'eſt par le ſecours de cet uſtenſile qu'on parvient à diviſer le nombre des fils dont une chaîne eſt compoſée, en autant de parties qu'il eſt néceſſaire pour en former le tiſſu au moyen de la trame qu'on y incorpore. Ce ſimple expoſé ſuffit pour prouver que l'Art de faire les Liſſes, eſt auſſi ancien que celui de fabriquer les Etoffes.

On nomme en termes de Manufacture *Remiſſe*, une certaine quantité de *Liſſes*, qui n'eſt jamais déterminée pour quelque Etoffe que ce ſoit ; & les Liſſes ſont un aſſemblage de *mailles* faites de fil ou de ſoie, à l'aide deſquelles on fait lever telle partie de la chaîne d'une Etoffe, Toile, &c. que le deſſein ou le genre de tiſſu exige.

Comme il n'eſt pas de fils dans une chaîne qui ne doive ſe combiner avec ce qu'on nomme *trame*, on conçoit que tous doivent alternativement lever & baiſſer pour donner entr'eux paſſage à cette trame ; ainſi il n'en eſt pas un qui pour ce mouvement ne doive avoir une maille particuliere dans les Liſſes ; nous aurons occaſion de voir que ſouvent ces fils en occupent même deux.

Pour prendre une idée juste de la définition que je viens de donner, il faut concevoir le tissu d'une Etoffe, Toile, Drap, &c. sans aucun dessein, fleur ni rayûre; car je n'entends parler ici que du corps de l'Etoffe, parce qu'on verra par la suite, que les desseins dont on veut les orner se multiplient à l'infini.

Si l'on se rappelle le grand nombre de fils, dont on a vu dans l'Ourdissage qu'une chaîne est souvent composée, quel doit être celui des mailles dont un assemblage de Lisses est lui-même formé? Et pour donner une idée précise de cette quantité, si une chaîne contient 3000 fils, & que chacun passe dans deux mailles, ce sont 6000 mailles, qui jouent dans l'espace assez étroit de la largeur de l'Etoffe; encore je ne parle pas ici des Lisses qui sont destinées à produire des fleurs sur l'Etoffe, & qui augmentent en raison de la multiplicité de ces fleurs tant qu'elles ne se répétent pas.

Il est vrai qu'on a trouvé le moyen de mettre ces mailles sur plusieurs lignes; car il seroit physiquement impossible de placer six à neuf mille mailles dans une largeur de vingt pouces ou environ, & encore moins de les y faire mouvoir.

Si, comme dans les Taffetas, les Toiles & autres Etoffes de ce genre, on n'a besoin que de faire alternativement lever & baisser la moitié de la chaîne, deux Lisses peuvent sans doute suffire; & s'il est d'usage d'y en employer davantage, c'est, comme je viens de le dire, pour donner de la liberté au jeu de chaque maille.

Voici maintenant en peu de mots la maniere de placer les Lisses & de s'en servir.

Je suppose que la chaîne d'un Taffetas uni soit de mille fils, on en passe cinq cents dans autant de mailles dont est composée l'une des deux Lisses que je suppose aussi qu'on emploie, & les cinq cents autres dans autant de mailles de la seconde; mais ce travail doit se faire dans l'ordre qui suit.

On place ces deux Lisses garnies de leurs *lisserons*, (ce sont deux tringles de bois sur lesquelles on les attache par le haut & par le bas, *voyez Fig. 4, Pl. 6*,) l'une contre l'autre; puis commençant par le premier fil d'un des bords de la chaîne, on le passe dans la premiere maille d'une des deux Lisses, le second dans la premiere de la seconde, le troisieme fil dans la seconde maille de la premiere Lisse, & ainsi de suite, alternativement dans les mailles de chaque Lisse; puis on attache les deux bouts du lisseron à une ficelle qui passe sur une poulie, au haut du métier, ou tient à quelque levier, & dont l'autre bout est attaché aux deux bouts du lisseron de l'autre Lisse; le lisseron d'en-bas est attaché à une marche, sur laquelle on met le pied pour faire baisser la Lisse, & par une suite de l'arrangement qu'on vient de voir, l'autre Lisse leve; ce qui sépare la totalité de la chaîne en deux parties égales dans un sens horizontal, entre lesquelles on fait glisser la navette qui forme la trame, ainsi qu'on le verra en son lieu : enfin mettant le pied sur une seconde marche, on fait baisser la Lisse qui étoit levée, ce qui fait lever l'autre & procure encore à la chaîne une séparation dans laquelle on passe un fil de trame qu'on nomme *Duite*, & qui se trouve séparé du précédent par un croisement des fils de la chaîne.

Lorsqu'au lieu des deux Lisses qu'on vient de voir, on juge à propos d'en employer quatre, voici l'ordre qu'on leur fait tenir.

On passe le premier fil de la chaîne dans la premiere maille de la premiere Lisse, le second dans la premiere de la seconde, le troisieme dans la premiere de la troisieme, & le quatrieme dans la premiere de la quatrieme, après quoi on revient à la premiere Lisse, & on continue ainsi jusqu'à la fin ; & quand on fait mouvoir les Lisses, on fait baisser la premiere & la troisieme d'un seul temps, puis la seconde & la quatrieme d'un autre, ce qui procure alternativement l'ouverture du *pas* de la chaîne par moitié, & renferme à chaque croisement une duite de la trame ; & pour le dire en passant, à chaque coup de navette, c'est-à-dire, à chaque croisement, on donne un coup de battant qui tient le peigne & qui serre chaque duite.

Les Satins exigent dans leur fabrication plusieurs Lisses, & c'est du plus ou moins de ces Lisses, qu'ils tirent leur dénomination. On y en emploie depuis cinq jusqu'à douze ; mais le nombre de huit est le plus ordinaire dans les Satins de soie, & celui de cinq dans ceux de laine ou de coton ; par ceux-ci on pourra juger de tous les autres.

Si le Satin est à huit Lisses, on passe chacun des huit premiers fils dans les premieres mailles de chacune des huit Lisses ; puis on en passe huit autres dans la seconde, puis dans la troisieme, continuant ainsi le *course* jusqu'au dernier fil : ainsi la totalité des mailles de ces huit Lisses doit répondre exactement au nombre des fils de la chaîne.

Il n'en est pas de cette Etoffe comme de celles dont j'ai parlé plus haut : chacune de ces huit Lisses doit lever à son tour, mais aucune pendant ce temps ne baisse ; & pour obtenir ce mouvement, chacune d'elles est suspendue à l'un des bras d'un levier dont l'autre reçoit une corde qui communique à un second levier placé au-dessous des Lisses, & celui-ci à l'autre bras a aussi une corde fixée à une des huit marches qui le met en mouvement : par ce moyen l'Ouvrier en appuyant le pied sur la marche, fait lever un huitieme de la chaîne, & passe sa navette dans cette ouverture.

Si ce Satin est à cinq Lisses, soit en soie, soit en laine, (celui en laine s'appelle *Calemande*) le nombre des mailles de ces cinq Lisses doit être égal à celui des fils de la chaîne, & chacune en contient un cinquieme : on passe les fils dans le même ordre que ci-dessus, & on les fait lever de la même maniere.

Les Etoffes de laine qui sont fabriquées en serge, celles de soie qu'on nomme *Raz-de-Saint-Cyr* & *de-Saint-Maur*, les Toiles appellées *Cordas*, sont fabriquées avec quatre Liſſes; on les place de même que nous l'avons dit pour les Taffetas à quatre Liſſes; on y paſſe les fils de la chaîne dans le même ordre; mais le mouvement qu'on leur donne n'eſt pas réglé de la même maniere. Il faut que ces quatre Liſſes levent deux par deux, dans l'ordre qui ſuit: la premiere marche fait lever la premiere & la ſeconde Liſſe; la ſeconde fait lever la deuxieme & la troiſieme, la troiſieme fait lever la troiſieme & la quatrieme; la quatrieme marche fait lever la quatrieme & la premiere Liſſes, après quoi on revient à la premiere marche; mais il faut remarquer qu'ici la même marche qui fait lever deux Liſſes en fait deſcendre deux, pour procurer une plus grande ouverture pour le jet de la navette.

Les Serges de ſoie exigent ſix Liſſes, qu'on fait mouvoir trois par trois, & dans leſquelles les fils de la chaîne ſont placés ſuivant les regles qu'on a établies plus haut: voici le mouvement qu'on leur donne.

La premiere marche fait lever les	1ere	3e	& 4e	Liſſes.
La ſeconde. . . . . les	2	4	5.	
La troiſieme. . . . . les	3	5	6.	
La quatrieme. . . . . . . les	4	6	1.	
La cinquieme. . . . . . . les	5	1	2.	
La ſixieme. . . . . les	6	2	3.	

Dans ce travail, il faut que chaque marche en faiſant monter trois Liſſes, faſſe deſcendre celles qui ne montent pas.

Quant aux Gazes, Linons, Marlis, & tout ce qui a rapport à ce genre de tiſſu, on n'y emploie que deux Liſſes qui ſont l'ouvrage du Remiſſeur; on y en ajoute une troiſieme qu'on nomme *Liſſe de perle*, & qui doit être faite par l'Ouvrier: c'eſt par elle que le tiſſu de la Gaze differe de celui des autres Etoffes, en ce que par la maniere de paſſer les fils de la chaîne dans les mailles des deux Liſſes & dans les perles de la troiſieme, qui reçoit delà ſon nom, un fil de la chaîne forme un tour ou deux ſur ſon voiſin; au lieu que dans les autres tiſſus, un fil ſe croiſe ſeulement à côté d'un autre en embraſſant chaque Duite de la trame.

Dans la fabrique de la Gaze, on fait lever alternativement une des Liſſes du fond, & la Liſſe de perle; l'arrangement des fils de la chaîne eſt tel dans les Liſſes, que ce ſont toujours les mêmes fils qui levent pour former l'ouverture dans laquelle on lance la navette.

Les Gazes ou Linons à fleurs ſont faits avec une ſeule Liſſe, que conſtruit le Remiſſeur, une Liſſe de perle conſtruite par l'Ouvrier, & un *corps à maillon* qui reçoit la moitié des fils de la chaîne.

J'ai cru devoir entrer dans le détail qu'on vient de voir ſur la nature des Liſſes & ſur l'emploi qu'on en fait, pour donner au Lecteur une connoiſſance exacte de l'uſtenſile que je me propoſe de décrire. J'ai été embarraſſé, je l'avoue, pour placer cette deſcription; mais il me ſemble que des notions générales

générales telles qu'on vient de les donner, n'ont pas de place marquée ; & peut être même seroient-elles moins bien à la fin de ce Traité où on se fût attendu de voir expliquer à fond l'usage de l'ustensile qu'on venoit de décrire : d'ailleurs je me suis rendu en cela aux avis de personnes à qui je dois les plus grandes déférences. Les Artistes n'en ont pas besoin sans doute ; mais ceux qui lisent la description d'un Art par pure curiosité, seront charmés de trouver ici quelques connoissances sur l'usage des Lisses, avant d'entrer dans les détails qui seront placés dans la partie de cet Ouvrage où je traiterai de la fabrication des Etoffes.

On ne peut fabriquer aucune Etoffe avec une seule Lisse, à moins de quelque arrangement particulier qui produise l'effet de plusieurs ; mais cette ressource n'a lieu que dans certains cas, ainsi qu'on le verra par la suite.

Il n'est pas possible non plus de déterminer le nombre de Lisses qu'exigent les Draps, les Toiles, les Gazes & autres Etoffes ; chaque genre a un nombre à-peu-près déterminé qu'on suit ordinairement.

Les Lisses qu'on emploie à la fabrique des Draps, des Toiles, &c. sont, généralement parlant, faites avec du fil de lin *monté à trois bouts*, & qu'on connoît dans le commerce sous le nom de *fil de Lisse*. Ce fil doit toujours être d'une grosseur convenable au nombre de brins dont une chaîne est composée. Ainsi, pour une chaîne dont le nombre des brins qui la composent est moindre que celui d'une autre, on doit employer du fil plus gros ; c'est la pratique qui a établi sur cela des regles dont on ne s'écarte jamais dans les Manufactures. Tout ce que la théorie la plus éclairée peut prescrire de plus certain, est que le fil dont on fait les Lisses doit être d'une grosseur proportionnée aux efforts qu'il a à vaincre de la part de la tension de la chaîne, & de la grosseur des brins qu'elle fait mouvoir ; aussi emploie-t-on pour la fabrique de certaines Etoffes grossieres, des Lisses faites avec de la ficelle.

D'après ce que je viens de dire, on voit qu'il ne m'est pas possible de déterminer les grosseurs nécessaires à chaque genre ; il faudroit entrer dans de trop grands détails qui seroient déplacés ici ; il me suffit maintenant de donner au Lecteur la connoissance des qualités, & des rapports des différents fils dont on se sert pour faire les Lisses.

Les fils de Lisse se vendent par paquets d'une demi-livre chaque ; & leurs grosseurs suivent une gradation insensible depuis le N°. 1, jusques & même au-delà du N°. 80. On est convenu que les numéros les plus bas indiqueroient le plus gros fil, & par conséquent les plus élevés appartiennent au plus fin : voici comme il faut entendre cela.

Un paquet de fil de Lisse du N°. 10, par exemple, contient cinq écheveaux, & pese une demi-livre. Un paquet de ce même fil du N°. 20. Contient dix écheveaux & ne pese aussi qu'une demi-livre ; ainsi le fil du N°. 10, est moitié plus gros que celui du N°. 20. Quoique ces deux numéros soient composés d'écheveaux d'une même longueur, puisque ordinairement tous ont été faits sur des *Asples* d'un même diametre, & qu'ils ont un égal nombre de tours. D'après ces notions, il est fort aisé de déterminer la grosseur du fil qu'on veut employer, relativement à celui dont on s'est déja servi, ou dont on a reconnu la propriété.

Quoiqu'il semble que chaque Ouvrier doive avoir toutes les connoissances relatives à son Art, & que, par exemple, un Lisseur doive connoître les rapports des différentes grosseurs de fils dont il forme ses Lisses, avec les chaînes auxquelles on les destine; cependant c'est au Fabriquant éclairé à diriger les procédés qu'on suit dans l'exploitation de la soie, de la laine ou du coton, ainsi que dans la préparation de l'or & de l'argent qu'on fait entrer dans les Etoffes, dans tous les degrés où ils passent, ainsi que le jeu des machines qu'on y emploie. C'est donc à lui qu'appartient de déterminer les grosseurs des fils de Lisse, parce que lui seul sait la force qu'il se propose de donner à la chaîne, & que l'expérience a dû lui apprendre que tel numéro conviendra mieux à telle chaîne qu'un autre, & fera lever plus aisément la quantité de fils dont il la composera.

On ne doit pas se dissimuler que les soins dont est chargé un Fabriquant habile sont sans nombre; & qu'on n'impute pas simplement au bonheur la fortune de tel dont la Manufacture est si brillante: Qu'il est heureux! tout lui rit! dit un concurrent dont le débit est moindre: Ignorant ou négligent! sais-tu à quel prix il l'emporte sur toi? d'abord, capable par ses lumieres de porter un coup d'œil éclairé sur toutes les opérations auxquelles il préside, rien ne lui échappe; jamais un à-peu-près ne le satisfait; scrupuleux jusqu'à la rigueur, tous ses Ouvriers sont sûrs de trouver en lui un Censeur sévere, à la vérité, mais un Maître libéral, qui sait apprécier le talent. Ce n'est pas tout, car l'habile homme languit quelquefois dans l'indigence; soigneux jusques à la méfiance, il ne s'en rapporte à personne de ce qui le regarde; & prévient par des ordres précis, des bévues auxquelles il n'est pas toujours aisé d'apporter un remede: comme il connoît la maniere d'opérer d'un bras mercenaire qui n'est presque jamais conduit que par un vil intérêt, & sur qui l'honneur ne fait aucune impression; s'agit-il de déterminer une opération, il la met lui même en train, & l'Ouvrier n'est jamais assuré d'un instant où il n'en revienne voir l'exécution. Qu'on me pardonne cette courte digression; mais je n'ai pu me défendre de répondre à ce langage vulgaire que l'envie a imaginé, & que la paresse accrédite. Je ne crains pas de le dire, la beauté d'une Etoffe dépend autant de la matiere qu'on y emploie que de l'exactitude qu'on apporte à toutes les opérations qu'on lui fait subir.

Comme l'Art dont je vais donner la description n'est pas seulement mis en usage pour les Fabriques d'Etoffes de Soie, mais que celles de Draps, de Toiles, de Gazes, &c. l'employent aussi; j'ai cru qu'en donnant les regles de conſtruction de Liſſes pour la matiere la plus précieuſe, on en déduiroit aiſément celles dont on ſe ſert à d'autres uſages. Je donnerai cependant quelques notions ſur la conſtruction des Liſſes qu'on emploie à la fabrique des Etoffes les plus groſſieres.

Le fil de Liſſe pour les Etoffes de Soie, doit être très-doux & ſur-tout très-uni; & même dans les Villes où les Fabriques ſont pouſſées à un certain degré de perfection, on ſe ſert de ſoie qu'on nomme *ſoie de Remiſſe* ou *Couſi*: elle eſt compoſée de pluſieurs brins tordus enſemble à-peu-près comme celle qu'on nomme à Paris *ſoie d'Angleterre.*

Voici en abrégé la maniere de préparer la ſoie de Remiſſe.

On la fait tordre au moulin à un ou deux brins tout au plus, & du même ſens que le premier apprêt de l'organſin ; on lui donne enſuite un apprêt tel que ſa groſſeur l'exige; enſuite on la double ou triple ; après quoi on la repaſſe au moulin, en tordant les brins ſur eux-mêmes, comme quand on donne le ſecond aprêt à l'organſin ; après cela on la double ou triple encore, puis on la paſſe une troiſieme fois au moulin, & enfin on en tord encore les brins ſur eux-mêmes, mais dans un ſens contraire à la derniere fois : ainſi pour faire une ſoie de Remiſſe convenable, il faut qu'elle paſſe trois fois au moulin, & c'eſt ce triple apprêt qui la rend unie & égale.

Je ſais bien qu'il y a des perſonnes qui ſe contentent des deux premieres opérations pour la ſoie de Remiſſe ; mais auſſi l'uſer n'en eſt pas auſſi bon, & au bout de fort peu de temps on la voit ſe cotonner & pelucher comme les mauvais bas de ſoie.

Il y a des Ouvriers qui font de la ſoie de Remiſſe à l'*Ovale*, auſſi bien qu'au moulin : cette opération, ainſi que la premiere, demanderoit ſans doute à être détaillée ; mais je ſuis forcé d'en ſuppoſer au Lecteur la connoiſſance, ainſi que beaucoup d'autres, pour ne pas me perdre dans des deſcriptions où chaque nouvelle opération m'entraîneroit inſenſiblement.

Après que la ſoie de Remiſſe eſt moulinée, on la *décrue* avant de s'en ſervir ; par ce moyen on lui donne une douceur & une ſoupleſſe que le tors & retors lui avoient ôtées, & par-là on la rend capable de ſe prêter à tous les mouvements néceſſaires pour être miſe en œuvre.

Il eſt aiſé de comprendre par tout ce qu'on vient de dire, qu'on fait du *Couſi* de pluſieurs groſſeurs ; malgré cela les Mouliniers ne ſont pas dans l'uſage de le numéroter, comme nous avons vu qu'on numérote le fil de lin ; & cependant ce ſeroit rendre un ſervice important aux Fabriquants, & leur épargner la peine de choiſir les groſſeurs pour les aſſortir ſelon le beſoin.

La ſoie de Couſi ne ſe prépare en France qu'à Nîmes & à Avignon ; le ſurplus qui s'y emploie nous vient du Piémont & de quelque Villes d'Italie.

On prépare à Paris une ſorte de ſoie qui approche fort du Couſi, mais on ne lui donne pas le même apprêt : c'eſt de cette ſoie qu'on fait les Liſſes de perles dont les Gaziers ſe ſervent.

Plusieurs Fabriquants prétendent que des deux manieres de préparer la soie de Remisse, celle qui se fait à l'ovale est plus parfaite qu'au moulin : je ne sais sur quoi ils fondent leurs raisons de préférence ; j'ai examiné de près l'une & l'autre de ces deux opérations, & j'ai toujours trouvé que, pourvu qu'on donne un apprêt convenable à la soie dont on compose le Cousi, il est également bon pour les Lisses.

Toutes les précautions que j'ai recommandées pour mettre le fil de Lisse en proportion de la chaîne qu'il doit faire lever, doivent être observées aussi scrupuleusement quand on se sert de Cousi ; & pour donner un exemple qui appuie la théorie que je viens d'établir, je suppose que dans une largeur de dix-huit pouces, on emploie une Lisse qui contienne 960 mailles d'un fil de lin du N°. 60, ou d'un Cousi de grosseur proportionnée à ce numéro ; d'un autre côté si dans une même largeur on fait une Lisse d'un égal nombre de mailles & d'un fil du N°. 30, ou d'un Cousi de même grosseur, il est évident que ce dernier fil qui sera d'un tiers plus gros que le premier, ne laissera pas entre chacune des mailles qui composeront cette Lisse un intervalle aussi grand que le premier qui est d'un tiers moins gros. Ainsi les frottements deviendront si considérables que les fils de la chaîne mus entre ces mailles ne pourront y résister, ou au moins ne pourront pas glisser, à cause du serrement qu'ils éprouvent ; d'où suivra une perte considérable de soie pour le Fabriquant, & de temps pour l'Ouvrier.

On peut juger maintenant de quelle conséquence il est d'assortir le fil de Lisse aux chaînes selon chaque genre d'Etoffes. Cette conséquence n'est cependant pas aussi essentielle pour le Cousi, parce que la souplesse & la douceur de la soie suppléent à ce qu'elle pourroit avoir de trop gros ; mais il n'en est pas de même du fil de Lisse qui conserve toujours une certaine rudesse qui déchire la chaîne quand il est trop rapproché.

CHAPITRE

CHAPITRE PREMIER.

De ce qu'on entend par les termes de Remisse *de* Lisse, *de* Ligatures, *autrement dites* Lisses pleines *ou* Lisses à jour: *Ce que c'est que des* Mailles, *&c de combien il y en a de sortes.*

SECTION PREMIERE.

Des Remisses & des Lisses.

On appelle *Remisse* à Nîmes & à Avignon, &c. ce qu'à Paris, à Tours, à Rouen & dans plusieurs autres Villes de Manufacture, on connoît sous le nom de *Harnois* ou *d'Equipage*.

Un Remisse est un assemblage de plusieurs Lisses, & ces Lisses qui le composent sont celles qui appartiennent ordinairement au fonds de l'Etoffe; car souvent on emploie encore d'autres Lisses à part dans la fabrique, soit des Etoffes de soie demi-façonnées, soit des Toiles, Draps, &c. & ces Lisses reçoivent différents noms selon les différents pays; parce qu'ordinairement elles servent à former des desseins ou de petites façons sur les Etoffes; elles y tiennent la place d'un assemblage de maillons que les Fabriquants en Etoffes de soie appellent *corps à maillons*.

Il y a cependant aussi des Remisses formés de Lisses qui ne servent pas précisément au fonds de l'Etoffe, quoiqu'elles fassent corps avec les autres; ils forment des *Liages*, adaptent des poils à l'Etoffe, ou bien ils servent à *rabattre* une partie de la chaîne que la *tire* fait lever pour former sur l'Etoffe le dessein qu'on y a *lû*; alors il arrive que pour une seule Etoffe on emploie deux corps de Remisse & quelquefois trois, ainsi qu'on le verra dans les articles des Moëres satinées double fond, & de plusieurs autres Etoffes.

Le nombre de Mailles dont une Lisse est composée, ne peut être déterminé que par rapport au genre d'Etoffe qu'on a dessein de fabriquer; ainsi c'est le nombre des fils de la chaîne qu'on veut employer qui fixe celui des Mailles des Lisses.

On ne sauroit fabriquer toutes sortes d'Etoffes avec le même nombre de Lisses, & cependant il y en a plusieurs en qui ce nombre est fixe. Je vais rendre compte des raisons de cette variété.

Pour fabriquer une toile dont la chaîne est de 1320 fils, par exemple, sur trente-trois pouces de largeur, on ne se sert que de deux Lisses, composées chacune de 660 mailles: supposons qu'un fil de Lisse du N°. 30, convienne à cette Lisse pour faire lever la chaîne sans trop de frottements, il est certain que la beauté du tissu ne dépendra plus absolument que de l'habileté de l'Ouvrier. Mais si dans une même largeur de trente-trois pouces, au lieu de 1320 fils que contient la chaîne supposée, on veut en mettre 2000, il est évident que deux Lisses de mille mailles chacune, faites d'un fil de même numéro que celui qu'on a supposé, ne pourront pas convenir, parce que dans un même espace il y a 340 mailles de plus sur chaque Lisse, qui se trouvant beaucoup plus rapprochées, le frottement en deviendra plus considérable, & les fils de la chaîne ne pourront plus glisser entre ces mailles sans qu'il s'en casse une grande quantité ; ce qui cause un préjudice notable à l'Etoffe, Drap, Toile, &c. & comme ce trop grand frottement occasionne un crépillonnement au tissu, il faut, pour prévenir cet inconvénient, ou bien choisir un fil de Lisse plus fin, ou bien mettre quatre Lisses au lieu de deux avec un fil du même numéro.

Il est aisé de sentir que si on prend un fil plus fin, ou si l'on met un plus grand nombre de mailles, ces mailles ne sont pas si serrées, & la chaîne leve plus facilement : dans le second cas, chacune de ces deux rangées de mailles est aussi fort à son aise.

Ce que je viens de dire d'une toile, ou en général d'un tissu, peut s'appliquer à toutes les Etoffes dont le fond est formé comme un Taffetas ; soit Etoffes de laine, soit de cotton, soit enfin les Etoffes de soie : mais pour ce qui concerne les Etoffes dont le fonds est sergé ou satiné, on ne sauroit suivre cette méthode ; parce qu'en général chacun de ces deux genres a un nombre de Lisses déterminé ; qu'il est essentiel, autant qu'on le peut, de n'en point augmenter la quantité, puisqu'il faudroit de toute nécessité la porter au double.

J'ai dû faire ici cette observation, parce qu'il n'est pas indifférent d'augmenter ou diminuer à volonté le nombre des Lisses, dont la trop grande quantité est nuisible à la fabrication d'une Etoffe. Ainsi, si pour une serge qu'on fait ordinairement *à six Lisses*, on veut en employer douze, le travail de l'Ouvrier & l'embarras s'en trouvent considérablement augmentés. Il en seroit de même d'un satin auquel on mettroit dix Lisses, tandis qu'il peut-être fabriqué avec cinq seulement.

Lorsqu'on dit que le nombre de Lisses est ordinairement fixé pour chaque genre d'Etoffes, voici comment cela doit s'entendre ; en fait de serge ou de satin, on n'est pas libre de mettre quelques Lisses de plus pour diminuer les frottements ; il faut nécessairement les doubler, tripler, &c. ainsi s'il faut six Lisses pour une serge, & qu'on trouve les frottements trop durs, il n'est pas possible d'en mettre huit ou dix, on est forcé d'en mettre douze ou dix-huit ; de même pour un satin à huit Lisses, il en faut mettre seize ou vingt-quatre.

Quant aux Taffetas, comme deux Lisses suffisent ordinairement, on peut les augmenter par deux, & quelque nombre qu'on en emploie, pourvu qu'il soit pair, l'opération sera toujours aisée.

Quoique ce ſoit au Fabriquant à guider le Remiſſeur, il y a pluſieurs Villes de Manufacture où on ne fait que leur donner un échantillon ſur lequel ils doivent établir le nombre de Liſſes néceſſaire pour exécuter le deſſein qui s'y trouve. C'eſt ainſi qu'on en uſe à Paris parmi les Fabriquants de Gaze, qui ne prennent pas la peine de décompoſer le deſſein d'une Gaze faite à la marche : ils abandonnent ce ſoin au Remiſſeur dont l'emploi eſt de faire des Liſſes pareilles à celles qu'il apperçoit avoir fabriqué l'échantillon. Par ce moyen cette partie eſt pour ainſi dire bornée à une certaine quantité de deſſeins produits par le mécaniſme des Liſſes à jour ; de ſorte que ſi quelqu'un veut faire exécuter un nouveau deſſein, quoique ſouvent d'un même genre de Liſſe, les Ouvriers qui ne connoiſſent que quelques *armures* & quelques conſtructions générales, ſont obligés de faire une eſpece d'apprentiſſage pour ſe mettre au fait de ce deſſein ; attendu que la plûpart d'entr'eux n'ont ſur cet objet qu'une foible routine, dont ils ne peuvent ſortir ſans s'égarer. Mais lorſqu'un Fabriquant qui connoît toutes les parties de ſon Art, ne dédaigne pas de tracer lui-même la route que le Remiſſeur doit ſuivre, il n'eſt aucun deſſein dont il ne puiſſe rendre l'exécution prompte & facile en ſimplifiant toutes les opérations; l'Ouvrier n'a plus qu'à former les mailles telles qu'on les lui demande, & ſur les marques qu'on lui donne, en obſervant les diſtances qui y ſont déterminées pour chaque parties de ces Liſſes.

Il ne faut pas croire non plus que les moyens que j'ai rapportés pour rendre l'uſage des Liſſes plus facile, doivent engager à les multiplier ſans meſure : pourvu que les fils de la chaîne coulent facilement, moins on met de Liſſes, plus une Etoffe eſt exactement tiſſue, & moins l'Ouvrier rencontre de difficultés. Ainſi, autant qu'il eſt poſſible, il faut ſe contenter de deux Liſſes pour les Toiles de lin, de coton, & autres dont le tiſſu eſt le même. Quant aux Etoffes de ſoie, les petits Taffetas doivent ſe fabriquer avec deux Liſſes, ou quatre au plus; mais pour les gros Taffetas qu'on nomme *gros-de-Naples*, *gros-de-Tours*, *gros-de-Florence*, *poux-de-Soie*, *Moëres*, *&c.* on peut en employer juſqu'à huit.

Pour les Raz-de-ſaint-Cyr, & les Raz-de-ſaint-Maur, il ne faut pas plus de quatre Liſſes, & ſix pour les Serges de ſoie.

Quant aux Satins, on en fabrique de ſept façons, ſavoir depuis cinq Liſſes juſqu'à douze, & c'eſt le nombre de Liſſes qu'on employe à fabriquer un Satin qui conſtitue ſa qualité & ſa beauté. Ce n'eſt pas ici le lieu d'expliquer en quoi conſiſte cette perfection ; comme chaque eſpece exige un travail particulier, tout détail ſeroit déplacé ; je renvoie le Lecteur à la partie de cet Ouvrage où je traiterai à fond la fabrique de tous les Satins.

Comme il y a des Etoffes de laine, de fil & de coton qui tiennent du genre de Serge ou de Satin, le nombre de Liſſes qui leur convient eſt proportionné au genre auquel elles ont rapport, & on ne doit s'en écarter que lorſqu'on y eſt contraint.

Des différentes Liſſes.

PLANCHE I.

On connoît dans les Fabriques deux ſortes de Liſſes, ſavoir des Liſſes pleines, & des Liſſes à jour. Les Liſſes qu'on nomme *pleines*, ſont celles que repréſentent les *fig.* 1, 2 & 3, *Pl.* I. Il ne faut pas croire qu'elles ſoient repréſentées ici en proportion du nombre de mailles qu'elles contiennent ordinairement, ni de la groſſeur du fil dont on les fait; il eut fallu pour cela multiplier les planches à l'infini; & encore n'auroit-on pas pu les remplir d'objets proportionnés; mais on a tâché dans cet ouvrage plus vétilleux que difficile, de rendre ſenſible aux yeux des nœuds qui dans le travail en grand ſont preſque imperceptibles: ainſi d'un côté on a été obligé de diminuer les longueurs, & d'un autre de groſſir les fils & les nœuds; d'ailleurs les diſtances des mailles n'ont pas pu être rendues ſenſibles. Par-là j'eſpere que le Diſcours & les Planches ſe prêteront un ſecours réciproque pour ne rien laiſſer à deſirer au Lecteur le moins intelligent.

Les Liſſes à jour, qu'on nomme auſſi *ligatures*, ſervent à former des eſpeces de deſſeins ſur les Etoffes. On s'en ſert auſſi dans la fabrication de certains Draps, de quelques genres de Toiles & de Mouſſelines; mais on s'en ſert plus communément pour quelques eſpeces d'Etoffes de ſoie, de Gazes & de Linons. La diſpoſition de ces Liſſes à jour n'eſt pas toujours la même, c'eſt le deſſein ou la rayure qu'on veut leur faire produire qui la détermine. Le nombre de mailles de chaque diviſion ainſi que leur écartement reſpectif ne ſont pas ſouvent les mêmes. La *fig.* 4, *Pl.* I, repréſente une Liſſe à jour dans laquelle les mailles qui la compoſent forment cinq diviſions inégales entr'elles, & n'ayant qu'un rapport ſymmétrique. L'inſpection de cette eſpece de Liſſe ſuffit pour donner une idée de toutes les Liſſes à jour dont on peut avoir beſoin.

Un Liſſeur entendu doit ſans doute, ſur la combinaiſon d'un échantillon, trouver le nombre de Liſſes qu'il faut pour le fabriquer, ainſi que l'écartement des mailles de chacune, & la groſſeur du fil qu'il y employera: il eſt cependant encore plus du reſſort du Fabriquant, que du Remiſſeur, de déterminer toutes ces proportions; parce que la ſuite de l'exécution du deſſein le regarde entiérement; auſſi ce ſont eux qui ordinairement donnent au Liſſeur des ordonnances par écrit & des marques, au moyen deſquelles il n'eſt plus poſſible de commettre d'erreurs en les exécutant. Ces ordonnances, telles qu'on en verra par la ſuite, déterminent la quantité des Liſſes qu'exige tel deſſein, le nombre de diviſions pour chaque Liſſe & leur poſition réciproque, enfin la quantité des mailles dont chaque diviſion ou bien la Liſſe entiere doivent être compoſées.

On appelle encore *Liſſes à jour* ou *Ligatures*, une eſpece de Liſſes qui étant égales entr'elles, tant par rapport aux mailles que par rapport aux diviſions, ſervent à former des deſſeins en même-temps que le corps de l'Etoffe. Telles ſont

sont celles avec lesquelles on fait les *Prussiennes* ordinaires, celles qui servent à fabriquer certaines serviettes ouvrées, & d'autres qu'on emploie pour fabriquer une espece de d'étoffe de laine, qu'on nomme *Malboroug*, &c. les mailles de ces Lisses sont toujours à égale distance les unes des autres; mais leur nombre n'est déterminé, par rapport à telle ou telle Etoffe, que par la grandeur du dessein qu'elle présente; aussi plus le dessein est grand, & plus il faut de Lisses pour l'exécuter. Il est vrai qu'alors chacune des Lisses contient moins de mailles, parce que, quelque dessein qu'on se propose de faire sur une Etoffe d'un genre quelconque, la chaîne en est toujours ourdie à un nombre de fils égal; ainsi le nombre de mailles est aussi déterminé, puisque chacune ne fait jamais mouvoir qu'un seul fil: il ne s'agit donc dans ce cas que de répartir un même nombre de mailles sur une plus grande quantité de Lisses, & pour mieux me faire entendre je vais donner un exemple.

Chacune des Lisses contient ordinairement autant de mailles ou de doubles mailles, que le dessein est contenu de fois dans la largeur de l'Etoffe; de sorte que si un dessein est contenu trente fois dans la largeur, chaque Lisse aura trente mailles, doubles ou simples: si le nombre des répétitions est plus grand ou moindre, celui des mailles sera en proportion. Supposons donc qu'on veuille fabriquer une *Prussienne* ordinaire, dans la largeur de laquelle le dessein se trouve répété quarante fois, par exemple, il faudra quarante ligatures, de quarante doubles mailles chacune, parce que la chaîne de ces Etoffes est communément composée de 3200 fils, & que chaque double maille en fait mouvoir deux; par conséquent quarante ligatures, à quarante mailles chacune, donnent 1600 mailles doubles, ou 3200 mailles simples, nombre des fils de la chaîne supposée.

Comme pour ces sortes de ligatures on ne donne point de marques ni d'ordonnances de Lisses à un Remisseur, il est à propos qu'il sache lui-même faire une division de ligature qui soit d'accord par le nombre de mailles dont elle est composée, avec celui des fils de la chaîne; de maniere que plus un dessein est répété de fois dans la largeur d'une Etoffe, moins il faut de ligatures; mais dans ce cas chaque ligature contiendra davantage de mailles. Je suppose qu'un dessein se répete trente-deux fois dans la largeur d'une Etoffe, pareille à celle que nous avons vue plus haut, il faudra nécessairement cinquante ligatures de 32 mailles chacune; & s'il n'est répété que vingt fois, il en faudra quatre-vingt de vingt mailles chacune. La raison de cette différence est, qu'il faut toujours la même quantité de mailles, quelque nombre de Lisses qu'on emploie; ainsi, soit qu'on ait cinquante ligatures, à trente-deux mailles chacune, soit qu'on en ait quatre-vingt, à vingt chacune, on aura également le nombre de 1600 mailles.

Il suit évidemment de ce calcul, que si on changeoit le nombre des fils d'une chaîne, il faudroit changer aussi celui des mailles, & en répartir le plus ou le moins sur le nombre de ligatures qu'exigeroit le nouveau compte des fils de la chaîne.

Lorsqu'on fait des Lisses à jour pour des Ouvrages tels que ceux dont on vient de parler, tout le soin du Remisseur consiste à faire les mailles à égale distance les unes des autres, & à établir entre les ligatures une parfaite égalité ; alors l'assemblage entier de toutes ces Lisses forme ce qu'on appelle un *Remisse*.

Les regles que je viens de prescrire sont générales pour toutes sortes d'Etoffes. Il faut que ce qu'on vient de nommer Remisse (qui, pour le répéter, est l'assemblage de toutes les Lisses) contienne autant de mailles que la chaîne qu'on se propose de mettre en œuvre contient de fils ; ensorte que, par une répartition exacte, chaque Lisse soit composée d'un nombre égal de mailles : par exemple, s'il s'agit de faire un Satin à huit Lisses, dont la chaîne soit de quatre-vingt portées, qui toutes ensemble donnent 6400 fils (*Voyez le Traité de l'Ourdissage*), il faut diviser ces 6400 en huit parties égales, dont chacune contiendra 800 fils, & par conséquent chaque Lisse aura 800 mailles. Si le Satin, qu'on se propose de fabriquer, ne doit être qu'à cinq Lisses, & que la chaîne soit d'un nombre de fils pareil à la précédente, la cinquieme partie de 6400 est de 1280, nombre de mailles que doit avoir chacune des cinq Lisses. Le principe fondamental de tout le travail d'un Remisseur est de regarder le nombre des Lisses qu'il doit faire pour une chaîne quelconque, comme un tout, composé d'autant de parties qu'il y a de Lisses, dont le nombre que chacune contient de fils est le numérateur de chaque fraction, & le nombre total des fils de la chaîne en est le dénominateur. Exemple : si avec 6400 fils on veut faire un Satin à huit Lisses, chacune répondra à cette fraction $\frac{800}{6400}$; à cinq Lisses, il divisera la chaîne en cinq ; à quatre, en quatre parties égales, & ainsi du reste.

SECTION SECONDE.

Des Mailles, de leur différente construction, & de leurs différents effets.

On a vu plus haut qu'une Lisse est composée d'un nombre déterminé de Mailles : voyons maintenant ce que c'est qu'une Maille, & comment on les construit.

On connoît quatre sortes de Mailles, qu'on nomme *Mailles à crochets*, *Mailles à petit coulisse* (*a*) *Mailles à grand coulisse*, & *Mailles à nœud*, qui se subdivisent en Mailles à nœud simple, & Mailles à nœud double. Jamais une même Lisse n'admet plusieurs de ces quatre sortes de Mailles en même-temps ; ainsi, si les Mailles sont à crochet, toutes seront à crochet, à petit ou grand coulisse, &c.

(*a*) J'ai cru devoir suivre les dénominations usitées dans les Manufactures, sans examiner si elles sont toujours conformes à la pureté du langage ; mais je parle la langue du Pays.

Les Mailles à crochet sont formées par l'assemblage de deux demi-Mailles simples ; elles sont représentées , *Fig.* 1 , 5 & 6 , *Planche* 2 : quoiqu'à l'inspection elles semblent être absolument les mêmes , leur emploi est cependant différent ; chacune est divisée en deux parties égales , la partie supérieure *A* , & l'inférieure *B* ; mais comme il est indifférent laquelle on met en haut ou en bas , on ne leur a pas donné de dénomination particuliere , & une Lisse , composée toute de Mailles à crochet , peut être placée dans le sens qu'on voudra. La *Fig.* 1 , *Planche* 1 , qui représente une pareille Lisse , sera voir qu'elle n'a ni haut ni bas déterminé, puisque la partie *A* , est absolument égale , & semblable à la partie *B* , & qu'on peut mettre le *Lisseron* D, en haut , aulieu de celui C, qui y est.

PLANCHE 2.

Nous avons vu ci-dessus que l'essentiel de la construction d'une Lisse est l'égalité dans l'écartement des Mailles : pour mieux régler , & pour fixer cet écartement , on arrête tous les contours des fils dont les demi-Mailles sont formées, sur une ficelle *a* , *b* , *c* , *d* , *Fig.* 1 , 2 , 3 , &c. de la *Planche* 2 , où ces ficelles , qu'on nomme *Cristeles*, sont représentées sous les mêmes Lettres. C'est aussi au moyen de ces Cristeles qu'on change les Mailles de place, afin que la partie d'une Maille qui touche l'autre à l'endroit où elles s'embrassent en formant le *crochet* , ne l'use pas si promptement par un frottement répété , & toujours le même ; on a donc soin de tourner un peu sur les deux lisserons *C* , *D* , la totalité des Mailles , & on les y fixe en y faisant quelque tours avec les Cristeles, *Voyez* en *a* , *b* , *c* , *d* , *Fig.* 9 , *même Planche* ; au moyen dequoi les Cristeles sont tantôt devant & tantôt derriere les lisserons , & plus ou moins haut , à volonté.

On construit quelquefois des Lisses dont les demi-Mailles ne sont pas d'une égale hauteur ; on en construit , par exemple , qui ont cinq pouces d'un côté , & sept de l'autre : on verra par la suite la cause de cette inégalité.

La *Fig.* 2 , *Planche* 2 , représente une Maille à petit coulisse ; il est aisé de voir que ce n'est autre chose qu'un assemblage de deux Mailles à crochets , dont la premiere 1 , a la jonction *a* , des deux Mailles qui la composent , plus haute que celle *b* , de la seconde 2 ; que pour opérer cette inégalité il faut nécessairement qu'une des deux parties qui composent chaque Maille soit plus courte que l'autre , & que chaque Maille étant composée d'une grande & d'une petite partie , il n'est plus question que d'en mettre alternativement une en bas & l'autre en haut pour procurer la distance qui reçoit le fil de la chaîne qui passe entre chacune : il faut donc nécessairement deux Mailles à crochet pour en former une à coulisse.

La *Fig.* 3 , *même Planche* , représente une Maille à *grand coulisse* ; on voit aisément qu'elle ne differe d'une à petit coulisse que par la distance qui se trouve entre la jonction *a* , des deux parties de l'une , & celle *b* , de l'autre des Mailles à crochet qui la composent ; & que le fil de la chaîne, qui dans toutes ces figures est représenté par les lignes *F*, *F*, *F*, &c. est renfermé entre la jonction *a*, & celle *b*.

Pour pouvoir trouver un écartement plus considérable dans les Mailles à grand coulisse, que dans celles à petit coulisse, il est nécessaire que la partie inférieure *B*, de l'une des deux, & celle supérieure C, de l'autre *Fig.* 3, soient plus courtes dans ces dernieres, qu'elles ne le sont aux autres; & la distance qui se trouve entre la jonction *a*, de l'une & celle *b*, de l'autre, doit être d'environ deux pouces ou deux pouces & demi.

La *Fig.* 4, *même Planche*, est une Maille à nœud : cette Maille s'emploie seule comme celle à crochet; mais on voit qu'elle a trois divisions *A*, *B*, *E*, tandis que les autres n'en ont que deux. Les divisions *A*, E, sont formées par un seul & même fil noué au point *b*, d'un seul nœud, pour pouvoir aggrandir & diminuer celle du milieu selon le besoin : la division *B*, est formée par un simple enlassement avec celle *E*, au point *a*, & est produite par un autre bout de fil. Les Mailles à double nœud ne different de celles à nœud simple, qu'en ce qu'on fait deux nœuds l'un sur l'autre, afin qu'ils ne puissent pas couler : on ne se sert de ces Mailles que pour des Etoffes grossieres ou pour des toiles très-fortes.

Il suit de tout ce que je viens de dire, qu'un nombre de Mailles à grand coulisse est formé par deux parties de fil différentes; l'une qui fait la division supérieure & celle du milieu, & l'autre celle d'en-bas, ainsi qu'on le verra quand je détaillerai les opérations. La partie supérieure de toute espece de Lisses, est fixée au lisseron par les cristeles, à une distance plus ou moins considérable, ainsi qu'on l'a déja dit. Les *Fig.* 5, 6, 7 &, 8 *Planche* 1, représentent des Lisses de toutes sortes de Mailles. La *Fig.* 5 est une partie de Lisse à crochet; ce qu'on reconnoîtra, en ce que toutes les jonctions sont sur une même ligne. Pour rendre les enlassements du fil sensible aux yeux, on a eu soin de représenter les nœuds-coulants qu'on forme sur les cristeles, tellement lâches, qu'on peut aisément les suivre dans toutes leurs révolutions; & si on les examine avec attention, on verra qu'entre chaque Maille est un nœud-coulant, qui sert en même-temps à fixer leur écartement respectif, & à les serrer solidement sur le cristele; car on peut remarquer que les nœuds ne sont que sur les cristeles.

La longueur des écheveaux de fil, quelque grande qu'elle soit, ne permet pas de faire une Lisse qui contient quelquefois jusqu'à 1500 Mailles d'un seul bout de fil; mais la nécessité de joindre ces écheveaux les uns aux autres, ne nuit en rien à la perfection des Mailles, au moyen du soin qu'on a de faire rencontrer les nœuds sur les cristeles; sans cela, comme nous avons vu ci-dessus qu'on change de temps en temps l'endroit où les Mailles s'embrassent, les nœuds accrocheroient immanquablement les fils de la chaîne, & produiroient un mal plus grand que celui qu'on veut éviter. Je tâcherai dans un autre endroit de rendre encore plus sensible

sensible la construction de ces Mailles lorsque je détaillerai les opérations du Lisseur travaillant.

La *Fig.* 6 représente une partie de Lisse, dont les Mailles sont à petit coulisse. Si l'on se rappelle l'usage de ces Mailles, on sentira, que quoiqu'on en ait représenté six dans cette figure, comme deux n'en font qu'une, il n'y en a réellement que trois, parce que, si l'on suppose un fil de la chaîne passé sous la jonction *a*, & sur celle *b*, lorsque la Lisse fera un mouvement de bas en haut, ce fil sera élevé par la Maille *b*; & lorsqu'elle descendra, le même fil sera abaissé par celle *a*; tel est en effet l'office des Lisses, qu'elles font lever & baisser alternativement des parties combinées de la chaîne, pour glisser la trame entre, ainsi qu'on le verra dans la fabrication des Etoffes.

La *Fig.* 7 représente une partie de Lisse, dont les Mailles sont à grand coulisse. Après l'explication que nous avons donnée de ces différentes Mailles, la seule inspection de la figure suffit pour en faire faire la différence : le fil de la chaîne, passé dans cet espace, renfermé entre *a* & *b*, de deux Mailles prises ensemble, qu'on nomme le *coulisse* d'une Maille, a bien plus de jeu, & pour le faire lever ou baisser, il est évident que la Lisse doit faire elle-même un bien plus grand mouvement que toutes celles que nous avons vues jusqu'ici.

La *Fig.* 8, est une partie de Lisse, composée de Mailles à nœud : il est très-aisé de s'appercevoir que ces sortes de Mailles remplissent la fonction des Mailles à grand & à petit coulisse. En effet, si on laisse les nœuds de ces Mailles dans l'écartement qu'on leur a donné sur la figure, & qu'elles doivent avoir naturellement, elles ressemblent fort à celles à grand coulisse ; mais quand on veut s'en servir comme de Mailles à petit coulisse, il suffit de faire descendre le nœud *a*, près de la jonction *b*, de la demi-Maille inférieure. Les avantages qu'offre cette espece de Lisse ne sauroient en balancet les inconvénients ; malgré cela on les préfere souvent, parce qu'au moyen de ce qu'une simple Maille suffit pour contenir un fil de la chaîne, il est évident qu'il faut moitié moins de Mailles, & par conséquent moitié moins de Lisses : de plus, le nombre des Mailles étant considérablement diminué, les fils de la chaîne se trouvent beaucoup plus à leur aise. Quant aux inconvénients qu'on rencontre à s'en servir, ce n'est pas ici le lieu de les détailler, & je crois, pour conserver l'ordre que ma matiere me prescrit, devoir renvoyer le Lecteur aux opérations mêmes.

Toutes les Mailles dont on forme des Lisses, soit celles à crochet, soit celles à coulisse, soit enfin celles à nœud, ne sont fixées, ainsi que nous l'avons déja dit, qu'aux cristeles, au moyen des nœuds coulants & des enlassements dont nous avons parlé. Si l'on veut se donner la peine de suivre des yeux sur la figure ces enlassements, on verra qu'il n'est rien d'aussi facile que de les défaire.

Pour rendre plus sensible les enlassements des fils dont on forme les Mailles des Lisses, on a représenté, *Fig.* 7, 8, 9, *Planche* 2, des parties de chaque eſpece de Liſſes, dépourvues de liſſerons & de criſteles : ſi prenant un des deux bouts de fil on le tire à ſoi, toutes les Mailles ſe déferont avec plus de facilité que celles d'un bas : on trouvera ſeulement toutes les jonctions de la partie de chaque Maille, qui n'eſt pas du même bout de fil, enfilées ſur la longueur de ce fil, comme on en peut voir trois, *Fig.* 10, *Planche* 1, qui repréſente les deux mains d'un Ouvrier, occupé à remettre ſur une bobine *d*, le fil d'une Liſſe qu'il défait : on voit en *b*, trois parties de Mailles, dans l'ouverture deſquelles paſſe le fil des Mailles ſupérieures, & qui ne tiendroient plus à rien s'il paſſoit ſa bobine dedans.

Comme aſſez ſouvent on défait des Liſſes, ou parce que le fil n'étant pas uſé également on veut faire reſervir le meilleur, ou parce qu'étant faites ſur un compte de Mailles dont on ne prévoit plus avoir beſoin, on en emploie le fil à d'autres : je crois devoir donner à la fin de l'Art de faire les Liſſes, celui de les défaire, quoique l'opération en ſoit aſſez ſimple ; je renvoie à cet endroit le Lecteur pour ne pas entrer dans un détail déplacé.

Effets que produiſent les différentes Mailles.

Les différentes Mailles dont nous venons de parler, produiſent toutes des effets différents dont il eſt à propos de rendre compte ; il ne faut pas croire auſſi que ces effets ſoient tellement déterminés pour chaque eſpece, qu'il n'y en ait quelques-unes préférables aux autres, ou qu'elles puiſſent remplir indiſtinctement le même objet : entrons en détail.

PLANCHE 2.

Les Mailles à crochet, *Fig.* 1, *Planche* 2, rempliſſent la triple fonction, de faire lever ſimplement les fils d'une chaîne, ou bien de ne les faire que baiſſer, ce qu'on appelle *rabattre*, ou enfin de produire alternativement ces deux effets ; ce qu'on concevra aiſément à la ſimple inſpection de la Maille, qui ſaiſiſſant le fil de la chaîne entre la jonction de ſa partie ſupérieure avec celle de ſa partie inférieure, ne ſauroit monter ou deſcendre ſans faire éprouver le même mouvement au fil qui la ſuit, malgré la tenſion qu'on donne à la chaîne ſur le métier où ſe fabrique l'Etoffe.

Nous venons de voir qu'il y a des Mailles à crochet, dont l'uſage eſt de ne communiquer aux fils de la chaîne qu'un ſeul mouvement : telles ſont celles que repréſente la *Fig.* 5, *même Planche*, qui ſupportant pour ainſi dire le fil *F*, ne peut le faire mouvoir que de bas en haut ; au lieu que ſi on le paſſoit en deſſous de la jonction, comme on le voit dans la *Fig.* 6, elle ne pourroit que le faire baiſſer.

Les Mailles à petit couliſſe ſont d'une conſtruction plus parfaite que la précédente, en ce qu'elles ne font éprouver à la chaîne aucun frottement, puiſque chaque fil paſſe ſur la jonction de l'une, & ſous celle de l'autre, *Fig.* 2. Il n'eſt pas néceſſaire qu'il touche à la jonction même, & par conſéquent il avance ſans peine malgré les mouvements de la Liſſe. On ne ſauroit donc trop recommander aux Fabriquants de ne ſe pas ſervir de Mailles à crochet; mais les préjugés, plus forts que la raiſon, s'oppoſent malheureuſement à la perfection des Arts. Si quelque choſe peut en faire tolérer l'uſage, c'eſt qu'étant faites de Soie ou *Couſi*, ces Mailles ne ſauroient déchirer autant une chaîne de ſoie, que quand elles ſont de fil : encore dans ce cas empêcheront-elles les *bavures* ou *bouchons*, qu'il eſt impoſſible de ne pas rencontrer dans toute la longueur d'une chaîne, de paſſer, & occaſionneront-elles un dégât de ſoie qu'on doit toujours éviter; au lieu que les Mailles à petit couliſſe n'occaſionnent preſque aucun frottement.

Je ſais bien que les petites déclamations que je me permets de temps en temps contre les abus qui s'oppoſent aux progrès de mon Art, ne le meneront pas à la perfection où je voudrois le porter ; mais s'il en eſt des talents comme de ces champs où les ronces abondent, un Cultivateur habile ne doit pas ſe laſſer de les couper, juſqu'à ce que la racine périſſe.

Il ſembleroit au premier coup-d'œil qu'une Liſſe compoſée de Mailles à crochets doive coûter beaucoup moins que les autres ; mais quoiqu'il faille en effet moins de Mailles, comme on prend alors du fil ou du couſi plus gros, la dépenſe revient au même ; d'ailleurs il eſt de fait qu'une Liſſe a Mailles à crochets s'uſe beaucoup plus vîte que les autres, à cauſe du frottement conſidérable que nous avons remarqué s'y faire ſans ceſſe par-tout ; au lieu que celles à petit couliſſe, par exemple, n'eſſuyent de frottement que quand elles font lever la chaîne, mais non pas quand elle avance ; & pour le dire en un mot, les Etoffes fabriquées avec ces dernieres, toutes choſes égales d'ailleurs, ſont beaucoup plus belles que quand on ſe ſert de Mailles à crochets, & l'Ouvrier qui fabrique gagne auſſi beaucoup de temps.

L'uſage des Mailles à grand couliſſe, qui, comme on l'a vu plus haut, ſont toujours compoſées de deux Mailles ſimples, eſt de faire lever & baiſſer les fils de la chaîne, de même que celles à petit couliſſe & celles à crochet ; mais la grande diſtance qui ſe trouve de la jonction de l'une à celle de l'autre, permet à la chaîne de lever, lorſque pour former un deſſein ſur l'Etoffe on ſe ſert de la *tire* ; car ordinairement c'eſt aux Etoffes façonnées qu'on emploie les Mailles à grand couliſſe. Un autre avantage qu'a encore cette eſpece de Mailles, eſt de retenir les fils des chaînes, afin qu'ils ne ſoient pas entraînés par celle des Liſſes qui ſe meut lorſqu'on fait le tiſſu d'une Etoffe. Il ſuffit de jetter les yeux ſur la *Fig.* 3, *Planche* 2, pour reconnoître en elle toutes ces propriétés.

Les Mailles à nœud, telles qu'on en voit une, *Fig.* 4, *même Planche*, en réuniſſant les avantages des Mailles a grand couliſſe, à encore celui de tenir moins de place & de produire le même effet, quoique ſimple : il ſeroit à deſirer que cet avantage pût compenſer les inconvénients auxquels elle eſt ſujette : comme le nœud *b*, n'eſt qu'un nœud ſimple, il eſt aiſé de ſentir que la Liſſe à chaque mouvement le fait couler, ſoit en haut, ſoit en bas ; & la diviſion *E*, dans laquelle paſſe le fil de la chaîne, devient trop grande ou trop petite, & l'Ouvrier eſt aſſujetti à des ſoins fatiguants lorſqu'il s'agit de paſſer dans cette ouverture, devenue trop petite, un fil qui caſſe aſſez ſouvent.

Au moyen de la facilité qu'a le nœud *b*, de monter ou deſcendre, on emploie dans les Fabriques la Maille dont nous parlons, comme Maille à grand ou à petit couliſſe : il ſuffit pour la grande de le tenir plus haut, & plus bas pour la petite; mais auſſi quand on s'en ſert comme de Maille à petit couliſſe, l'inconvénient dont je viens de parler eſt plus grand, parce que le nœud *b*, ſe trouvant plus près de la jonction *a*, au moindre dérangement eſt bien-tôt deſcendu contre elle.

Telles ſont les diverſes Mailles dont on forme les Liſſes. Après avoir donné une idée de leurs propriétés, & de l'emploi qu'on en fait, voyons les moyens dont on ſe ſert pour leur donner une régularité convenable.

La qualité la plus eſſentielle dans une Liſſe, eſt une parfaite égalité entre les Mailles qui la compoſent; cette égalité n'eſt pas ſimplement produite par l'induſtrie manuelle de l'Ouvrier; il a encore fallu imaginer des uſtenſiles, à l'aide deſquels l'homme le moins intelligent pût leur donner cette perfection, & mettre à profit le temps toujours précieux.

Il ſeroit trop long ſans doute de décrire tous les procédés, & de rapporter toutes les Machines qu'on emploie dans la fabrique des Liſſes : chaque Ville a ſes uſages; mais comme on parvient au même but par différentes voyes, je me bornerai à décrire trois des principaux Métiers dont on ſe ſert dans les plus fortes Villes de Manufacture, & je ferai remarquer les avantages & les inconvénients attachés à chacun, à meſure que j'aurai occaſion de détailler les opérations qui leur ſont propres.

CHAPITRE SECOND.

Deſcription des meilleurs Métiers dont on ſe ſert pour faire les Liſſes.

SECTION PREMIERE.

Deſcription du Métier qu'on emploie à Nîmes, à Avignon, & dans quelques autres Villes de Manufacture.

LA *Fig.* 10, *Planche* 2, repréſente le Métier dont on ſe ſert communément à Nîmes, à Avignon, &c. tout monté.

Sur un banc formé par une planche *A*, d'environ quatre pieds & demi de long, ſur huit à neuf pouces de large, montée ſur quatre pieds *B*, *B*, *B*, *B*, aſſemblés par les traverſes *C*, *C*, *D*, à tenons & mortaiſes, & entourée par

quatre

quatre tringles E, E, E, E, qui y forment des rebords, sont plantés deux montants F, F, qu'on a représentés à part de face & de profil sous la même lettre, *même Planche*. Ces montants sont placés à environ trois pouces des deux bouts du banc, & clavetés par-dessous, ainsi que la *Fig.* 11, *même Planche*, qui fait voir ce banc par l'un de ses bouts, le représente : l'entaille qu'on voit en a, à chacun de ces montants, doit être assez profonde pour recevoir les trois tringles G, H, I, qui seules servent à former la hauteur des Mailles, au moyen de leur largeur plus ou moins grande qu'on peut varier autant qu'on le désire, selon cette hauteur, ainsi qu'on le verra : c'est donc à proprement parler le moule des Mailles, comme celui dont nos Dames se servent pour faire du filet en regle les Mailles ; aussi ces deux ouvrages ont-ils ensemble beaucoup d'affinité.

Les trois tringles dont nous allons parler doivent entrer juste dans les entailles des montants F, F, & n'y point balotter : celles G & I, sont ordinairement d'une largeur égale entr'elles, & terminées en rond, l'une en bas, l'autre en haut, ainsi qu'on le voit *Fig.* 13, qui les représente vues par le bout, toutes trois séparées. On voit aussi haut & bas, sur la partie arrondie de chacune une rainure, peu profonde, qu'on a eu soin de représenter sur la figure. C'est dans cette rainure qu'on place le *Cristele* dont on doit se rappeller l'usage, & qu'on le fixe sur une même ligne à mesure qu'en le couvrant alternativement de mailles & de nœuds, on le force d'entrer dans cette rainure de la maniere qu'on va voir.

On peut se rappeller que le cristele n'est autre chose qu'une ficelle assez fine, sur laquelle on fixe les Mailles : voici comment on s'y prend ; on attache l'un des bouts de cette ficelle au bout de la tringle supérieure H, à une cheville à tête c, qui entre dans le trou d, *Fig.* 10 & 13 ; puis ayant mis le *clocher*, *Fig.* 12 ; à l'autre bout, on la place sur la poulie a, & elle reste tendue dans cette situation au moyen d'un contre-poids qu'on y suspend. Ce qu'on appelle *clocher*, est un morceau de bois auquel on a pratiqué deux entailles, dont l'une C, doit être assez large pour embrasser à frottement, la tringle supérieure G, & se placer à tel endroit de sa longueur que le besoin l'exige : l'autre entaille reçoit la poulie sur laquelle repose le cristele, ainsi qu'on l'a dit. Il est aisé de sentir que le cristele fait avec la tringle supérieure G, un angle aigu, au moyen de l'élévation où il est porté par l'autre bout ; c'est dans cette séparation que l'Ouvrier fait passer la navette ou la bobine, lorsqu'il forme ses Mailles, soit de fil, soit de cousi ; & chaque Maille serrée sur cette tringle oblige le cristele d'entrer dans la rainure à mesure que l'ouvrage avance : je reviendrai à l'opération.

La hauteur du banc de ce Métier est de quinze pouces, & celle des montants de 13 : quoique la largeur des trois tringles, prises ensemble, varie en raison de l'ouverture qu'on veut donner aux Mailles, qu'on ne fait pas toujours de la même *foule* ; cette largeur la plus ordinaire eſt d'environ ſept pouces, à moins qu'on ne forme des Mailles, dont la partie inférieure ſoit plus grande ou plus petite que la partie ſupérieure.

Lorſqu'on veut faire des Mailles à petit couliſſe, on paſſe dans les trous *b*, *b*, pratiqués au bas des montants *F*, *F*, une corde, dont je ferai connoître plus amplement l'uſage lorſque je parlerai de l'opération.

SECTION SECONDE.

Deſcription d'un Métier à faire des Liſſes, dont on ſe ſert à Paris & dans quelques autres Villes.

LES Métiers à faire des Liſſes, dont on ſe ſert à Paris & dans quelques autres Villes de Manufacture, ſont différents en apparence de celui dont je viens de donner la deſcription, & rempliſſent le même objet par des procédés à peu près ſemblables : on voit un de ces Métiers, *Fig.* 1, *Planche* 3.

PLANCHE 3.

Le banc qui ſert de baſe à ce Métier, eſt à peu près le même que le précédent, ſi ce n'eſt que les quatre pieds ſont aſſemblés par quatre traverſes *C*, *C*, *D*, *D*. Sur la *Planche A*, ſont plantés quatre montants *E*, E, *E*, *E*, qui portent le chaſſis *F*, *F*, *G*, *H*, *I*, qui n'eſt autre choſe, à quelque différence près, que les trois tringles du Métier précédent, placées dans une poſition horiſontale.

Chaque couple des montants *E*, *E*, porte une traverſe *F*, qui ſur ſon épaiſſeur d'un pouce & demi, & en dedans du Métier, a dans toute ſa longueur une rainure de neuf lignes de profondeur ſur un demi pouce de largeur ; c'eſt dans ces deux rainures que coulent les trois tringles *G*, *H*, *I*, au moyen d'un petit tenon de pareilles dimenſions que la rainure, qu'on pratique à chaque bout : l'écartement qu'on donne à ces tringles entr'elles, détermine l'ouverture que doivent avoir les Mailles ; mais pour conſerver cet écartement d'une maniere égale, on perce une certaine quantité de trous ſur le bord intérieur de chaque traverſe *F*, *F*, qui répondant à de pareils qu'on a faits ſur les tenons des trois tringles, donnent entrée à de petites fiches de bois ou de fer qui ne permettent plus aux tringles de changer de poſition, quand on l'a une fois déterminée. On a eu ſoin de donner différentes coupes & profils de ce Métier pour en faciliter l'intelligence & pour en rendre la conſtruction plus ſenſible : l'explication des *Planches*, que j'aurai toujours ſoin de placer à la fin de chaque Traité, ſuppléera à ce que la deſcription la plus claire aux yeux d'un Auteur, plein de ſes idées, peut laiſſer de doute dans l'eſprit des Lecteurs, qui n'ayant aucune connoiſſance d'un Art, ont beſoin des plus grands détails.

La hauteur du banc de ce métier eſt de ſeize pouces, & celle des montants eſt de quatorze ; de ſorte que le métier ſe trouve à trente pouces d'élévation, hauteur assez ordinaire pour des machines qu'il est à propos de mettre à la portée des bras d'un Ouvrier assis.

Les rebords qu'on pratique presque toujours aux bancs de ces sortes d'ustensiles, servent à recevoir les outils propres au travail, comme navettes, rochets, &c. qui par ce moyen ne peuvent tomber par terre.

SECTION TROISIEME.

Description d'un Métier à Lisses, dont on se sert à Rouen, à Tours, &c.

SI l'on s'accorde dans toutes les Fabriques pour la maniere de former les mailles des différentes Lisses, ou peut dire aussi que les méthodes qu'on y emploie different bien peu entr'elles.

Le Métier dont on va voir la description, & qui est représenté par les *Fig.* 1 *&* 2, *Planche* 4, a un rapport très-sensible avec les deux précédents : la forme du banc, qu'on a représentée ici différente des autres, n'est pas tellement déterminée, qu'on doive s'y arrêter absolument ; il suffit de se procurer une base, à peu près semblable à celles qu'on a déja vues. A environ trois pouces des extrémités de la *Planche A*, sont plantés deux montants *D*, *E*, sur la face intérieure desquels est une rainure, dont la largeur & la profondeur sont d'un pouce : le plus près du bord de cette face, & sur l'épaisseur, est une rangée de trous percés d'outre en outre, comme ceux du Métier précédent, & dont l'usage est aussi de fixer, à l'aide de petites chevilles, deux tringles *F*, *G*, à un écartement plus ou moins grand, *Fig.* 2, selon la grandeur des mailles qu'on veut former, à crochet ou à petit coulisse; car quand on en veut faire à grand coulisse on se sert d'une troisieme tringle *I*, beaucoup plus étroite que les autres, & qu'on place aussi dans les rainures ; & même on emploie à cet usage un petit morceau de bois, dont on donnera autre part la forme & les dimensions, & qu'on nomme *chevalet* ou *coulisseur* ; c'est lui qu'on voit en *H*, *Fig.* 2.

PLANCHE 4.

On a eu l'attention, pour l'usage des Lecteurs, de représenter ce Métier sous plusieurs points de vue, ainsi que toutes les pieces qui le composent, séparément.

La *Fig.* 3 en est une coupe, vue par dedans, & la *Fig.* 4 représente une autre coupe, vue par dehors.

Après avoir détaillé la structure des Métiers à faire des Lisses, passons aux opérations par lesquelles on y parvient. On doit se rappeller que les Lisses sont faites de fil qui en porte le nom, ou bien de cousi ; nous allons d'abord voir comment on devide ce fil ou cette soie, sur des instruments propres à en faciliter l'emploi.

Observation sur le dévidage du fil & du cousi, dont on se sert pour faire des Lisses.

On a vu dans l'Introduction, que le fil de Lisses est distribué par écheveaux, & qu'il suit une gradation insensible dans l'ordre des numéros par lesquels on le distingue. Il n'est donc pas possible de le mettre en œuvre sans le devider d'abord, soit sur des navettes, telles que la *Fig.* 2, *Pl.* 5, les représente, soit sur des bobines, pareilles à celle qu'on voit, *Fig.* 14, *Pl.* 2 : quant à la préférence qu'on doit aux unes ou aux autres, elle dépend entiérement de l'usage de chaque pays ; mais je n'en suis pas moins obligé de les décrire toutes deux.

PLANCHES 2 & 5.

Quoiqu'il semble aussi qu'un Devidoir quelconque doive suffire pour cette opération, il n'en est pas moins vrai que dans les Arts chaque genre d'Ouvriers a ses ustensiles particuliers : c'est ce qui fait qu'on trouve tant de variétés dans les machines dont on se sert même à des usages semblables. Ce que je dis ici est à dessein de prévenir mon Lecteur, à qui dans le devidage des Soies, j'ai fait voir tant de Devidoirs, & qui pourroit peut-être au premier coup-d'œil se rebuter d'en retrouver ici qui semblent ne devoir être différenciés des premiers que par la bisarrerie de leur construction ; mais je décris mon Art, & ne crée rien.

Le Devidoir le plus généralement adopté par les faiseurs de Lisses, est celui que représente la *Fig.* 5, *Planche* 4 ; mais il ne faut pas croire qu'on doive rejetter indifféremment tous les autres, & je puis assurer qu'un Guindre quelconque, pourvu qu'il puisse, en s'agrandissant ou se rétrécissant à volonté, se prêter aux grandeurs sans cesse variées des écheveaux, remplira le même objet, si cependant il n'est pas trop foible, comme ceux que j'ai fait voir, qu'on construit avec de la canne ; il en est encore quelques autres que je ne ferai qu'indiquer, de peur de fatiguer les Lecteurs par des descriptions aussi rebutantes qu'elles sont minutieuses.

Soit qu'on devide le fil ou le cousi sur des bobines ou sur des navettes, le travail seroit fort long s'il falloit l'y placer à la main ; mais les Ouvriers, toujours exacts appréciateurs du temps, ont imaginé différents moyens pour aller plus vîte, dont je vais rendre compte.

SECTION QUATRIEME.

Description d'un Devidoir pour le fil ou le cousi.

La *Fig.* 5, *Planche* 4, représente un Devidoir fort simple, dont la *Fig.* 6 fera aisément comprendre la construction.

Aux quatre coins des deux planches quarrées *B*, *C*, parfaitement égales entr'elles, on perce quatre trous, dans lesquels on place solidement, & même on colle quatre tringles de bois *D*, *D*, *D*, *D*, qui forment par cet assemblage

blage un *parallélipipede* à jour. Au centre de chaque planche est un trou rond, d'environ un pouce de diametre ; celui de la base *B*, reçoit l'axe ou arbre *E*, tandis qu'à l'autre est une noix ou pivot, *Fig.* 7, dont la partie *c*, terminée en pointe, repose dans un trou conique, pratiqué au bout du bâton *E*, qui sert d'axe au devidoir. On sent que ce pivot, *Fig.* 7, doit entrer juste, & même être collé dans la planche *C*, sans quoi il sortiroit aisément de sa place.

Sur les quatre côtés de l'épaisseur de la base *B*, sont pratiquées au milieu, quatre mortaises pour recevoir les tenons des quatre aîles *A*, *A*, *A*, *A*, du devidoir, *Fig. 6*.

Enfin sur la longueur de chacune de ces aîles sont percés plusieurs trous, dans lesquels on place les chevilles *F*, *F*, *F*, *F*, suivant la grandeur de l'écheveau qu'on veut devider, *Fig.* 5. On a soin de faire sur le tour ces quatre chevilles, & de leur donner la forme de celle qu'on a représentée hors de sa place, *Fig.* 8 : dans cet état le devidoir est achevé, & n'a plus besoin que d'une piece de bois *H*, ou d'une pierre, en forme de cube, au centre duquel on fixe l'arbre *E*, pour donner de l'assiette à toute la machine.

La hauteur de ce guindre, sans le pied, est d'environ dix-huit pouces ; la longueur des aîles est de quinze, & la hauteur des chevilles ou poupées est de six à sept pouces, sans les tenons.

On construit de pareils guindres à six aîles, *Fig. 6*, *Planche* 5, & même on peut en construire à huit ; il ne s'agit pour cela que d'avoir une base *B*, à six ou huit pans. Il est certain que plus ils ont d'aîles, plus les côtés du polygone que forme l'écheveau deviennent petits, & par conséquent plus il approche du cercle qui peut opposer la moindre résistance, à cause de l'égalité des leviers qui sont les rayons presque égaux. On a représenté, *Fig.* 5, *Planche* 5, un devidoir ou guindre à six pans en perspective, & à côté, *Fig. 6*, il est vu géométralement.

Il ne faut pas croire que les Lisses reçoivent plus de perfection lorsque le fil en est devidé avec un guindre à six ou huit aîles, plutôt qu'avec un à quatre ; mais comme le fil ou le cousi est plus également tendu sur la bobine ou sur la navette, quand le devidage a été fait sans saccades, l'Ouvrier a plus de facilité pour serrer les nœuds de chaque maille.

SECTION CINQUIEME.

Description d'un petit Rouet, dont on se sert pour devider le fil de Lisse & le cousi, sur les navettes.

QUOIQU'A l'inspection de la *Fig.* 9, *Planche* 4, qui représente le Rouet dont je vais parler, on puisse comprendre toute sa construction, il contient néanmoins quelques détails qu'il est à propos de faire connoître au Lecteur.

Ce Rouet, ainſi qu'on le voit, n'eſt autre choſe qu'un arbre, ſur lequel on place la navette par le milieu, au moyen d'un trou pratiqué ſur ſon épaiſſeur, & qu'on fait tourner aſſez rapidement à l'aide d'une manivelle.

Le banc a environ trois pieds de long, ſur huit pouces de large ou environ, & n'eſt porté ſur quatre pieds auſſi forts & auſſi ſolidement aſſemblés, que pour avoir plus d'aſſiette : au reſte les quatre tringles qui l'entourent & forment un rebord, ne ſervent qu'à le rendre plus commode pour recevoir mille choſes, qui par ce moyen ne ſauroient tomber à terre.

Vers l'un de ſes bouts ſont placés deux montants C, C, au haut deſquels ſont percés deux trous qui ſe répondent bien horiſontalement, & dont l'uſage, qui eſt de recevoir l'axe ou arbre ſur lequel on met la navette, ne peut êre bien ſenti que quand j'aurai fait voir comment cet arbre doit être fait.

La *Fig.* 3, *Planche* 5, repréſente cet arbre nud & hors de la place qu'il occupe dans les deux montants *C*, *C*.

La partie quarrée *a*, eſt celle où on place la navette, & dont la longueur eſt égale à l'écartement qu'on veut donner aux deux montants. *b*, *b*, ſont deux collets faits ſur le tour, par où l'arbre tourne dans les trous qu'on a pratiqués au haut des montants : mais il faut obſerver que le trou qui eſt du côté de la manivelle doit être plus grand que l'autre, parce que quand on retire l'arbre, le quarré y doit paſſer ; ce qui ne ſe pourroit pas, ſi ce trou n'étoit que de la groſſeur du collet.

J'ai fait repréſenter à part, *Fig.* 1, *Planche* 5, la même machine vue de face, pour faire ſentir l'écartement des montants entre leſquels la navette doit tourner à l'aiſe. On voit auſſi en *d*, *Fig.* 3, la maniere dont on forme une manivelle de bois ; au bout quarré de l'arbre qui eſt auſſi de bois, & en *E*, la poignée de cette manivelle.

La poſition reſpective des deux *Fig.* 5 & 9, *Planche* 4, repréſente la maniere de s'en ſervir. L'Ouvrier eſt aſſis vis-à-vis du Rouet, & tournant la manivelle de la main droite, il conduit le fil ou le couſi entre deux doigts de la gauche ; pour modérer les ſaccades, & le placer comme il convient entre les cornes de la navette. Paſſons maintenant à l'autre uſtenſile dont les Ouvriers ſe ſervent en place de celui-ci, & dont on a déja dit un mot ; c'eſt-à-dire la bobine.

SECTION SIXIEME.

Deſcription d'un autre Rouet, à l'aide duquel on devide le fil de Liſſe ou le couſi ſur des rochets.

DANS la deſcription que je vais donner du Rouet dont on ſe ſert pour devider le fil ou le couſi ſur des rochets, je ne dirai abſolument rien du Devidoir ou Guindre qui porte l'écheveau. Celui qui a rapport au Rouet dont je parlerai, a été repréſenté à ſix aîles, pour ſervir de modele de ceux que j'ai dit qu'on fabriquoit ſouvent à ce nombre d'aîles, & même à un plus grand : je paſſe tout de ſuite au Rouet.

La *Fig.* 7, *Planche* 5, repréſente en perſpective le Rouet dont il eſt queſtion ; ſa baſe n'eſt autre choſe qu'une planche, plus longue que large montée ſur quatre pieds de la maniere qu'on juge la plus convenable. PLANCHE 5.

Vers les deux extrémités de la baſe, & ſur la longueur, ſont plantés deux montants d'environ trois pieds de haut, ſur trois pouces de large & un d'épaiſſeur. Ces montants, qui ſont fixés ſur la baſe *A*, par le ſecours de clavettes, ſont arrêtés par le haut au moyen d'une traverſe E, à queue d'aronde qui les tient dans un égal écartement. A environ quatorze pouces de la baſe ſont percés deux trous qui ſe répondent & qui reçoivent l'arbre F, de la roue *H* : cet arbre reçoit vers l'une de ſes extrémités, après un collet qu'on y a pratiqué, le moyeu G qui y entre quarrément. Sur la circonférence de ce moyeu ſont plantés ſix rayons *C, C, C, C, C, C*, égaux, ſur leſquels eſt fixé avec autant de clous d'épingles le cercle ou cerceau *H*, aux deux bords duquel ſont attachés auſſi avec des clous d'épingle de petits cercles de bois *a*, *a*, qui en ſervant de rebords forment ſur la roue une rainure qui empêche la liſiere *I*, de ſortir.

A quelques pouces de la traverſe *E*, & ſur les faces intérieures des montants *C*, *D*, ſont pratiquées de petites entailles quarrées, peu profondes, dans leſquelles on place de petits cubes de cuivre ou de corne, ſervant à recevoir les pointes de la broche *K*, ſur laquelle on fixe perpendiculairement à la roue une poulie à large rainure *L*, où paſſe la liſiere *I*.

A l'extrémité de l'arbre, oppoſée à la roue, eſt un autre collet, après lequel eſt une partie quarrée qui reçoit la manivelle *M*. Dans cet état on conçoit qu'en faiſant tourner la roue, la liſiere ſans fin fait tourner la broche, & par conſéquent la bobine qu'on place deſſus. Cette rotation de la bobine eſt très-rapide, & contribue à la remplir promptement d'une fort grande quantité de fil ou de couſi.

CHAPITRE TROISIEME.

De la maniere de faire les Liſſes.

Obſervation ſur les différentes hauteurs de Mailles.

IL eſt à propos, avant d'entrer en matiere, de ſe rappeller qu'on appelle du nom de *Maille* l'union des deux ou trois parties qui la compoſent ; ainſi nous avons vu qu'une Maille a une partie ſupérieure & une inférieure ; quelquefois encore, comme dans celles à nœud, elles ont une ouverture au milieu ; ces trois parties ſont confondues ſous le nom générique de *Mailles*.

La hauteur totale des Mailles eſt ordinairement pour les Etoffes de ſoïe, depuis 14 pouces juſqu'à 16 & même 18. Cette hauteur, qu'en terme d'Art on nomme *foule*, ne varie gueres que dans quelques cas particuliers. Lors donc qu'on commande une Liſſe à un *Remiſſeur*, il ſuffit de lui déterminer le nombre de pouces de *foule* qu'on veut qu'elle ait.

Cette dénomination de foule, pour déſigner la hauteur totale d'une Maille, n'eſt pas univerſellement adoptée dans les Villes de Manufactures ; il en eſt où les pouces de foule ſe comptent doubles : ainſi quand on veut, par exemple, une Liſſe de quatorze pouces, il faut dans ces endroits-là, la commander de ſept pouces de foule. Cette méthode a un aſſez grand inconvénient, qui eſt que quand on fait faire des Liſſes à parties inégales, il faut déſigner chaque partie à part, & dire qu'on veut une Liſſe à deux foules, l'une à cinq pouces, par exemple, & l'autre à ſept, & ainſi des autres ; donnant la meſure de chaque foule à part.

Quoique cette méthode de faire des Mailles à parties inégales ſoit, connue dans preſque toutes les Villes de Manufactures, il en eſt pourtant où elle eſt plus adoptée que dans les autres.

Il y a des Etoffes dont la fabrication exige des mouvements plus multipliés de la part des Liſſes, que certaines autres ; c'eſt-là le cas où il eſt à propos de faire à chaque Maille une partie plus grande que l'autre ; ſans cette précaution, les frottements ſe faiſant toujours aux mêmes endroits, le fil ou le couſi s'uſeroit beaucoup plus vîte ; au lieu qu'au moyen de la précaution dont je viens de parler, on change les criſteles ſouvent de poſition par rapport au *liſſeron*, & les Mailles s'uſent également par-tout.

Ces ſortes de Liſſes ſont bonnes, par exemple, pour la fabrication des Etoffes dans leſquelles il n'y a que la chaîne qu'on faſſe lever, & pour celles où il faut des Liſſes de rabat, en obſervant de faire travailler davantage la partie la plus grande des Mailles.

Quant aux Fabriques de Toiles & de Draps, on n'y fait gueres uſage de ces ſortes de Liſſes, & encore moins pour les Etoffes communes & groſſieres : celles qu'on y emploie n'ont ordinairement que douze pouces de foule au plus pour la Maille entiere, & ſouvent même elles n'en ont que dix. Il eſt vrai que ce ſont toujours des Liſſes à nœud, & alors on eſt obligé de donner à la partie de la Maille qui forme le nœud un pouce de plus qu'à l'autre.

Les Mailles à petit & à grand couliſſe ſont auſſi ſuſceptibles, ainſi que nous en avons déjà dit un mot, d'avoir une grande & une petite partie ; nous nous étendrons ſur toutes ces différences, & ſur leurs uſages, à meſure que l'occaſion s'en préſentera : voyons maintenant la maniere de les former, en mettant, s'il eſt poſſible, aux yeux du Lecteur, l'Ouvrier en action.

SECTION

SECTION PREMIERE.

Maniere de faire les Liſſes à Mailles à crochet, ſuivant les méthodes de Nîmes, d'Avignon, &c.

ON ſe rappelle ſans doute le Métier à Liſſes dont j'ai donné la deſcription, *Pl.* 2 *&* 3, & que j'ai dit appartenir aux uſages de Nîmes, d'Avignon, &c. ne voulant alors qu'en faire ſentir la conſtruction, je n'ai pas pu y repréſenter l'Ouvrier en travail, pour rendre ma marche plus méthodique : je le reprends ici dans ſon entier pour faire voir au Lecteur le commencement de l'opération, me réſervant de ne lui en plus montrer que des parties ſur leſquelles il puiſſe voir la ſuite du travail.

Le premier ſoin d'un Ouvrier avant de commencer aucune Liſſe, eſt de graduer très-exactement par pouces le bord ſupérieur de la tringle d'en haut entre les deux montants *D*, *E*, ainſi qu'on peut le voir, *Fig.* 1, *Pl.* 6. Sans cette précaution, il ne lui ſera jamais poſſible de régler ſon travail ni de s'aſſurer du nombre de Mailles qu'il convient de faire dans une longueur donnée ; & pour peu que le fil ou le couſi varient de groſſeur, le nombre de Mailles ſe trouvera conſidérablement augmenté ou diminué : ſi donc la Liſſe qu'on lui a commandée doit être de 800 Mailles, ſur une longueur de vingt pouces, il eſt évident que chaque pouce doit contenir quarante Mailles : on trouvera par le même calcul, que ſi ſur la même longueur la Liſſe doit avoir 1000 Mailles, il doit en mettre cinquante par pouce.

PLANCHE 6.

Lorſqu'un Remiſſeur craint de ne pas trouver aſſez de préciſion dans une diviſion par pouces, il peut ſubdiviſer en demi-pouces, & même en quarts de pouce, & alors ſa marche devient plus ſûre, & les diſtances de chaque Mailles plus égales.

Les trois tringles *A*, *B*, *C*, placées comme on le voit, ne ſont le moule que de la moitié de la hauteur qu'on doit donner aux Mailles quand leurs deux parties doivent être égales ; & par conſéquent quand le nombre de Mailles requis eſt fait ſur ce Métier, on n'a encore que la moitié de la Liſſe.

Tout étant diſpoſé comme on vient de le voir, & le *clocher B*, étant placé par-delà le montant *E*, l'Ouvrier fixe un bout du criſtele à la cheville *d*, le poſe ſur la poulie *e*, & ſuſpend un contre-poids *f*, à l'autre bout ; puis il s'aſſied ſur une chaiſe ou tabouret, non pas vis-à-vis du Métier, dont ſes genoux l'écarteroient trop, mais de façon que ſon côté droit ſoit tout contre, pour pouvoir agir avec le bras droit ſans peine, ainſi que la figure le repréſente. Alors après avoir attaché le bout du fil ou du couſi ſur le criſtele, à l'endroit où commencent les graduations qu'il a marquées ſur la tringle ſupérieure, *Fig.* 1, il prend la navette de la main droite, & formant une boucle avec ſon poignet gauche il lâche aſſez de fil pour permettre à cette main gauche de venir prendre, par-deſſous les trois tringles, la navette; alors il la change de main, la paſſe dans la boucle, & forme autour de ces tringles une demi-Maille qui les embraſſe, en forçant le criſtele d'entrer dans la rainure; & pour procurer à cette demi-Maille une parfaite égalité avec toutes celles qu'il va faire, il leve la main gauche *A*, *Fig.* 2, dont il tient la navette, perpendiculairement à la pente du criſtele, & ſerre le fil autant que ſa conſiſtance peut le permettre.

Si l'on conſidere avec attention le nœud que nous venons de décrire, on ſentira qu'il n'a rien de ſolide, puiſque c'eſt un ſimple nœud coulant que le moindre effort peut faire lâcher; auſſi dès que ce premier eſt fait, le Liſſeur a-t-il ſoin d'en faire un ſecond, dont l'enlaſſement eſt repréſenté par la *Fig.* 3, *même Pl.* & que je vais tâcher de rendre ſenſible.

D'abord il prend de la main gauche le fil *a*, *Fig.* 2, tout contre la Maille, pour lui conſerver un peu de tenſion & en empêcher le relâchement; puis le laiſſant tomber en cercle par dehors, *Fig.* 3, comme on le voit, contre la Maille, il paſſe la navette ſous le criſtele, & la repaſſant par-deſſus il la gliſſe dans l'ouverture *a*, ſans la quitter de la main droite pendant tout ce temps; & tirant la navette par en bas dans la poſition où on la voit, il force le nœud coulant à deſcendre le long du criſtele juſqu'à ce qu'il ſoit parvenu tout contre le premier nœud de la Maille; ce qui doit ſe faire fort promptement, afin qu'étant obligé de lâcher le fil qu'il tenoit de la main gauche, le premier nœud n'ait pas le temps de ſe déranger.

On aura peut-être quelque peine à concevoir comment on peut d'une ſeule main paſſer la navette par-deſſus le criſtele & ſous le fil de la boucle *a*, *Fig.* 3; mais il n'eſt preſque perſonne qui n'ait éprouvé comment en pareil cas les deux ou trois derniers doigts peuvent pouſſer & ſoutenir cette navette, tandis que l'index & le pouce paſſant par-deſſus la ſaiſiſſent auſſi-tôt.

La précaution que j'ai recommandée d'entretenir la tenſion du fil, n'a guere lieu que pour les perſonnes qui n'auroient pas un grand uſage du travail; mais les Ouvriers vont ſi vîte à cet ouvrage qu'ils n'auroient pas le temps de l'employer.

Toutes les Mailles dont une Liſſe eſt compoſée ſe font comme celle qu'on vient de voir; la difficulté ne conſiſte que dans l'arrangement qu'il convient de leur donner, & dans le nombre auquel il faut bien prendre garde de ſe tromper.

Il eſt à propos d'obſerver, que lorſqu'un Fabriquant commande une Liſſe, dont il donne le compte des Mailles, ainſi que la largeur, il n'y comprend ordinairement pas les Mailles des liſières; & comme ces liſieres uſent beaucoup plus les Mailles que le reſte de la chaîne, la bonne méthode eſt de commencer & de finir les Liſſes par les Mailles qu'on leur deſtine, & qu'il faut faire de fil ou de couſi double.

J'aurai occaſion par la ſuite de reprendre ce que je dis ici, & d'en faire ſentir l'importance.

On doit ſe rappeller qu'une Maille eſt compoſée de deux parties, comme celle que je viens de décrire ; ainſi quand un Liſſeur a rempli ſon Métier d'un nombre qu'on lui avoit preſcrit, de parties ſemblabes à celles qu'on y voit, *Fig.* 3, il n'a encore fait que la moitié de ſon ouvrage ; mais pour l'autre moitié il faut de toute néceſſité qu'il ſoit aidé de quelqu'un, ainſi qu'on va le voir.

Lors donc que la premiere moitié des Mailles eſt achevée, le Liſſeur détache les deux bouts du criſtele *d*, *f*, & retirant les trois tringles de dedans les montants *D*, *E*, il les replie l'une ſur l'autre, ce qui permet à la Liſſe de ſortir aiſément ; enſuite il ſubſtitue à la tringle ſupérieure *A*, un liſſeron, *Fig.* 4, *même Planche*, ſur lequel il attache les deux bouts du criſtele *A*, *B*, qui par ce moyen reſte très-tendu ; après quoi il le met ſur le banc du Métier par dehors, *Fig.* 1, *Pl.* 7 ; & ayant remonté le Métier il continue ſon opération, ainſi qu'on va le voir. Planche 7.

Cette ſeconde partie n'a abſolument rien de différent de la premiere, car toutes les Mailles ſe font de même ; & l'Aide, dont l'Ouvrier ne peut ſe paſſer, ne ſert qu'à lui préſenter toutes les premieres Mailles l'une après l'autre, pour les enfiler par chacune des ſecondes ; mais il y a quelques précautions à prendre de la part de l'Aide.

Comme dans cette ſeconde opération le travail de l'Aide eſt fort peu de choſe, on a coutume d'y employer des femmes ou des enfants qui ne ſont pas en état de gagner de fortes journées. Voici en quoi il conſiſte : l'Aide prend dans ſa main gauche une plus ou moins grande quantité de Mailles, qu'il retient avec les quatre derniers doigts, en obſervant de les prendre toutes, ſuivant l'ouverture que leur donne le liſſeron. (*Voyez Fig.* 4, *Pl.* 6), & non pas en les croiſant, comme on le voit en *A*, *Fig.* 5, *même Pl.* ce qu'on nomme *Mailles à col tors*, & qui nuiſent beaucoup aux fils de la chaîne qui paſſent dedans : l'Aide donc les tenant toutes dans la main gauche, les prend une à une entre le pouce & l'index de chaque main pour leur donner une plus grande ouverture, *Fig.* 2, *Pl.* 7, & faciliter par là le travail du Liſſeur, qui paſſe la navette dedans avant d'aller la donner à la main gauche par-deſſous les trois tringles, ainſi qu'on l'a vu lorſque j'ai décrit l'opération qu'il ne fait que répéter ici. *Voyez Fig.* 1, *Pl.* 7.

Lorſqu'une Liſſe eſt entiérement finie, l'Ouvrier détache le criſtele à droite & à gauche, ôte les tringles du Métier pour retirer la Liſſe, en les repliant ſur elles-mêmes comme la premiere fois ; il détache auſſi les bouts de l'autre criſtele qu'il avoit attachés aux deux bouts du liſſeron, puis les attache en quatre endroits différents, *Fig.* 3, *Pl.* 7, & prenant d'une main une diviſion, & l'autre de l'autre, il les tord ſur elles-mêmes dans un ſens contraire, & les retient dans cette ſituation, comme on peut le voir par la *Fig.* 4, *même Planche.*

Lorſque toutes les Liſſes dont un Remiſſe doit être compoſé ſont finies, on les lie enſemble avec une ficelle, *Voyez Fig. 5*, & on en forme un paquet, pour éviter que les Mailles ne ſe mêlent, & on les livre en cet état au Fabriquant qui les a commandées.

SECTION SECONDE.

De la maniere de faire les Mailles à petit & à grand couliſſe.

Les Mailles à petit & à grand couliſſe ſe font ſur le même Métier que les précédentes ; la différence ne conſiſte que dans les *chevalets* ou *couliſſeurs* qu'on y ajoute, & qui en formant le couliſſe ſervent à en déterminer la grandeur. On peut voir deux de ces Couliſſeurs dans la *Planche 6, Fig. 6 & 7.*

Voici de quelle maniere on les met en uſage.

A la partie ſupérieure *A*, du Couliſſeur, *Fig. 6*, *Pl. 6*, ſont percés deux trous dans leſquels on paſſe deux bouts de ficelle ; lorſqu'on veut s'en ſervir on la place ſous la tringle inférieure, on lie fortement les ficelles *a*, *a*, *Fig. 6*, *Pl. 7*, par-deſſus le criſtele, & lorſqu'il y a deſſus un nombre ſuffiſant de Mailles, on les en ôte, & on fait gliſſer le Couliſſeur plus loin, juſqu'à la fin.

On a déja vu que chaque Mailles à couliſſe, (grand ou petit) ſont compoſées de deux Mailles à crochet, dont la jonction de l'une eſt placée plus bas que celle de l'autre. On ne ſauroit obſerver cette différence de hauteur avec trop d'exactitude dans toutes les Liſſes dont un Remiſſe eſt compoſé ; ainſi le Couliſſeur qui la regle doit être parfaitement égal dans toute ſa longueur. Si donc on veut former un couliſſe de trois lignes, par exemple, il faut donner trois lignes du point *a*, au point *b*, *Fig. 7*, où il eſt repréſenté dans la grandeur naturelle, & en général c'eſt la hauteur du Couliſſeur qui regle la hauteur des couliſſes.

PLANCHE 7.

Si l'on veut jetter les yeux ſur la *Fig. 6*, *Pl. 7*, on verra que le ſoin du Liſſeur conſiſte à faire alternativement une grande & une petite Mailles; ce qui s'exécute en paſſant la navette tantôt ſous les trois tringles du Métier, & tantôt ſous le Couliſſeur. Ce ſoin eſt d'une très-grande conſéquence, car s'il interrompt une fois l'ordre, il lui eſt difficile d'y rentrer, la Maille double eſt perdue, & dérange le rapport qui doit ſe trouver avec la ſeconde partie, dont on parlera plus bas.

A meſure que le Liſſeur avance ſon ouvrage, il eſt évident que les graduations qu'il avoit marquées ſur le bord de la tringle ſupérieure ſe trouvent couvertes, & lorſqu'il s'agit de récapituler le nombre de ſes diviſions il n'y verroit pas clair ; c'eſt pour parer à cet inconvénient qu'il a ſoin, à meſure qu'une diviſion ſe trouve remplie, d'entourer le criſtele d'un gros fil, qui lui conſerve la trace de ſa graduation, & qu'on nomme *fauſilure*. On nomme *ſigne* ou *ſignal* chaque diviſion ainſi couverte de ce fil ; de ſorte que s'il y en a vingt, par exemple, on on dit, que telle Lisse a vingt signaux, plus ou moins : la *Fig.* 9, *Pl.* 1, fera suffisamment comprendre l'effet de ces signaux, qu'on y a marqués très-sensiblement.

Il me reste maintenant à décrire la maniere de faire la seconde partie des Mailles à coulisse ; les précautions qu'il faut apporter à ce travail sont presque toutes de la part de l'Aide, dont, comme à celles à crochets, l'Ouvrier ne peut se passer.

La difficulté de ce travail consiste à ne pas faire des Mailles courtes où elles doivent être longues, ou bien d'en faire de longues quand elles doivent être courtes ; & pour le dire, en un mot, l'Aide doit présenter une Maille courte quand c'est le tour de passer la navette sous le Coulisseur, & une longue quand il la passe entre les tringles & le Coulisseur ; en effet il est évident que par ce moyen les plus courtes parmi les premieres se joindront ici aux plus longues, & les plus longues aux plus courtes ; & si la différence entre les premieres est de trois lignes, & qu'on observe cette même différence à la seconde opération, il régnera une égalité parfaite dans la totalité des Mailles, ainsi qu'on peut le voir dans la *Fig.* 6, *Pl.* 1.

La regle que je viens d'établir est commune à toutes les Mailles à coulisse, soit à grand, soit à petit coulisse, parce que, comme on l'a déja vu, c'est le Coulisseur qui regle la hauteur du coulisse.

Souvent lorsque le coulisse doit être fort petit, le Lisseur se contente, en place de Coulisseur, de passer une corde sous les tringles du Métier, dans les montants *F*, *G*, comme le représente la *Fig.* 7, *Pl.* 7 ; & lorsqu'il forme ses Mailles, il passe la navette alternativement sur la corde pour les plus longues, & entre la corde & la tringle *H*, pour les plus courtes.

Si la grandeur qu'on veut donner au petit coulisse permettoit toujours d'employer cette derniere méthode, l'ouvrage en avanceroit beaucoup plus, parce qu'on n'est pas obligé d'ôter les Mailles de dessus le Coulisseur, & de le reculer à mesure qu'il se remplit.

Quelques Remisseurs ont imaginé de substituer au Coulisseur, dont on a coutume de se servir pour faire les Mailles à grand coulisse, une tringle de fer *M*, *Fig.* 8, *Pl.* 7, à l'instar de la corde dont nous venons de voir l'usage. Cette tringle est arrondie & polie pour ne pas arracher le fil ou le cousi, & on la passe au bas des montants *F*, *G*, dans des trous qu'on y pratique exprès ; mais il faut avoir attention que cette tringle soit bien parallele avec le bord supérieur de la tringle d'en haut, sans quoi les Mailles prendroient un accroissement insensible, qui de la premiere à la derniere pourroit devenir considérable. Cette méthode ne change rien à la régularité des Mailles, & l'on peut voir sur la figure, que le Lisseur passe sa navette, tantôt sur la tringle, & tantôt entre elle & celle O.

SECTION TROISIEME.

Des Mailles à nœud.

Pour peu qu'on veuille faire attention à la maniere dont les Mailles à nœud sont formées, *Fig.* 3 & 8, *Pl.* 1, on s'appercevra aisément que leur partie inférieure est absolument semblable à chacune de celles à crochet; ainsi comme cette partie se fait de la même maniere, & par les mêmes moyens que ceux que j'ai rapportés en parlant des Mailles à crochet, je n'en dirai rien ici, ne devant entretenir le Lecteur que de la partie où est le nœud.

Il ne faut pas croire qu'il soit indifférent de commencer une Lisse à nœuds par la partie simple ou par la partie nouée, (*voyez Fig.* 9, *Pl.* 7). l'Aide qui doit, comme aux précédentes, présenter au Lisseur les Mailles les unes après les autres, auroit trop de peine à reconnoître le sens dans lequel la navette doit l'enfiler, au lieu qu'il est bien plus facile de distinguer l'ouverture lorsqu'elles ne sont que simples.

Opération.

L'Ouvrier attache le bout du fil au cristele en *a*, *Fig.* 10, & formant avec son poignet gauche la boucle qu'on voit en *F*, de la même maniere qu'on l'a déja vu, il descend avec la main droite la navette en dehors du Métier, puis enfile en passant la Maille *E*, que l'Aide lui présente; ensuite il passe le fil sous la tringle *C*, en changeant de main la navette qui se trouve dans la main gauche, *Fig.* 11. Il passe la navette entre les deux traverses *B*, *C*, *Fig.* 12; & par ce moyen la navette se trouve dans la main droite; après quoi il croise le fil *D*, sur celui *G*, *Fig.* 13, & forme un nœud au croisement de ces deux fils en passant la navette sous celui *G*, & dans la boucle *D*, *G*; puis reprenant la navette de son côté, de la main gauche, il la passe dans la boucle qu'il a conservée de cette main pendant tout le temps de l'opération, *Fig.* 14, & termine ainsi sa Maille en serrant le fil, *Fig.* 9, ainsi qu'on l'a déja vu autre part.

Je ne m'apésantirai pas davantage sur une description, toujours très-difficile à rendre, de peur de rebuter les Lecteurs par des répétitions minutieuses: ceux qui n'auront pas entiérement compris l'opération par ce que je viens d'en dire, trouveront dans l'explication des Planches de quoi suppléer à ce qui manque ici, car je m'apperçois qu'il est bien difficile d'être court quand on veut se faire entendre.

Il n'est pas possible pendant le travail qu'on vient de voir, que les nœuds *b*, *b*, *b*, qu'on forme entre les deux tringles du Métier, soient réglés à une même hauteur, à moins d'un soin particulier, qui consiste à passer dessus & dessous ces nœuds, *Fig.* 4, *Pl.* 10, deux baguettes *A*, *B*, qui, lorsqu'on les rapproche l'une de l'autre leur procurent cette importante qualité ; c'est lorsque la Lisse est entiérement finie qu'on s'occupe de ce soin, quand ils sont tous dans un parfait alignement, on substitue à ces baguettes une ficelle *E*, *Fig.* 5, *même Planche*, qui après avoir passé dessous, repasse par-dessus, & qu'on arrête par des nœuds à l'un des deux bouts ; par ce moyen on est sûr que rien ne se dérangera, & la Lisse étant ainsi finie l'Ouvrier démonte son Métier pour l'en retirer, la tord, comme on l'a vu, & l'arrête solidement pour la livrer au Fabriquant, sans risque d'être mêlée.

SECTION QUATRIEME.

De la maniere de faire les Lisses suivant la méthode de Paris, &c.

Des Mailles à crochet.

APRE'S avoir donné la description des Métiers à Lisses, dont on se sert dans les plus célebres Villes de Manufacture, il ne nous reste plus qu'à détailler les opérations qu'on exécute sur ces différents Métiers, dans ces différentes Villes. On reconnoîtra aisément, *Fig.* 1, *Pl.* 8, celui que nous avons dit être en usage à Paris ; mais on a oublié de parler de la maniere dont on place le *clocher D*, en dehors du montant *E*, dans une rainure à queue d'aronde qui le retient solidement ; la figure le fera suffisamment comprendre. PLANCHE 8.

Le Lisseur ayant donné à ses deux tringles *A*, *B*, l'écartement convenable, attache le cristele à la cheville *b*, le met sur la poulie *e*, & suspend à l'autre bout un contre-poids, qu'on ne sauroit voir sur cette figure, mais dont on doit se rappeller la position ; ensuite ayant attaché au cristele le bout du fil ou du cousi, qui, suivant la méthode de Paris, &c. est sur un rochet, il forme ses enlassements de la maniere qu'on a détaillée plus haut, & dont il est inutile de s'occuper ici de nouveau ; car aux tringles près, la maniere dont il forme la premiere partie de ses Lisses, n'a rien de différent de celle dont j'ai rendu compte ; c'est à la seconde partie que je m'arrêterai le plus, parce que c'est-là qu'on trouve uniquement la différence des méthodes déja rapportées.

Lorsque la premiere partie d'une Lisse est finie, l'Ouvrier en passe toutes les Mailles dans une tringle *A*, *Fig.* 1, *Pl.* 9, qu'il arrête à un écartement convenable, au moyen des chevilles *b*, *b* ; ensuite il attache les deux bouts du cristele sur cette tringle, comme on le fait suivant la premiere méthode sur le lisseron ; alors ayant placé le cristele comme à l'ordinaire, excepté que c'est sur le plat de la tringle *C*, où il pratique une graduation, comme celle dont on a parlé, il forme ses Mailles les unes après les autres, en prenant chaque fois une de celles dont l'Aide lui présente l'ouverture. Je me réserve de proposer ailleurs mes réflexions sur le mérite de ces différentes sortes de Métiers, & sur leurs inconvénients & avantages.

Après que la Liſſe eſt finie on ôte les chevilles des tringles, qu'on fait gliſſer dans leurs rainures, & on la plie comme on l'a dit pour les autres.

Des Mailles à petit & à grand couliſſe.

ON ſe ſert aſſez ordinairement à Paris d'un petit Couliſſeur, comme celui qu'on a vu pour faire les Mailles à petit couliſſe; mais celles à grand couliſſe ſe font preſque toujours ſur un Métier comme celui que repréſente la *Fig.* 2, *Pl.* 8, où l'écartement des tringles *A*, *B*, fixe la longueur des plus courtes parties, & celui des tringles *B*, *C*, détermine la longueur des plus grandes. Je n'entrerai point dans le détail de l'opération de cette premiere partie, je me contenterai de faire remarquer au Lecteur la maniere dont l'Ouvrier embraſſe avec ſon fil alternativement deux & trois tringles, pour avoir autant de Mailles longues que de courtes.

Auſſi-tôt que cette premiere partie eſt achevée on démonte le Métier pour l'ôter de deſſus, & l'ayant remonté, comme on le voit *Fig.* 2, *Pl.* 8, on paſſe toutes les Mailles qu'on vient de faire ſur une quatrieme tringle, qu'on n'a pas jugé à propos de repréſenter ici, parce que la *Fig.* 1, *Pl.* 9, qui repréſente des Mailles à crochet, ſuffit pour faire entendre celles-ci; enſuite ayant tendu ſur cette tringle le criſtele, l'Aide a ſoin de préſenter toutes les Mailles dans leur ordre & bien ouvertes au Liſſeur, qui doit en joindre une courte à une longue, & en faire une longue quand on lui en préſente une courte, ainſi qu'on l'a déja vu; après quoi on retire la Liſſe, & on la plie comme je l'ai enſeigné.

Des Mailles à nœud.

COMME la premiere partie des Mailles à nœud eſt compoſée comme celles à crochet, je ne dirai abſolument rien de leur conſtruction, & ſuppoſant qu'on les a enfilées ſur la tringle *C*, *Fig.* 2, *Pl.* 9, où elles ſont fixées au moyen des criſteles, je paſſe tout de ſuite à la formation de la partie qui contient les nœuds. Je ne m'arrêterai pas non plus à décrire comment on forme les nœuds; ce que j'en ai dit lorſque j'ai traité de pareilles Mailles, ſuivant la méthode de Nîmes, d'Avignon, &c. ſuffit, ce me ſemble, ſans fatiguer le Lecteur par des redites toujours faſtidieuſes. Je penſe même qu'après ce que j'en ai dit alors, l'inſpection, de la figure en fera ſuffiſamment comprendre le travail: l'Ouvrier écarte les tringles *A*, *B*, ſelon la grandeur qu'il veut donner à cette partie des Mailles qu'il ſe propoſe de faire; puis les ayant fixées, & placé le criſtele de la maniere dont on le voit, il procede d'une façon tout-à-fait ſemblable à celle que j'ai rapportée, à cela près, que ce Métier-ci eſt horiſontalement placé, au lieu que l'autre l'étoit verticalement. J'ai même, pour ne rien laiſſer à deſirer, fait deſſiner les nœuds & les enlaſſements dans une forte proportion, & même le dernier

dernier nœud *a*, paroît n'être aucunement serré pour faire sentir que le fil venant par-dessus le Métier embrasser la demi-Maille C, passe ensuite par-dessous la tringle *B*; ensuite vient faire un nœud au point *a*, puis s'en va rentrer dans la boucle qui avoit été réservée par le poignet gauche; après quoi l'Ouvrier n'a qu'à serrer tout cet enlassement.

Dans toutes les Mailles à nœud on ne sauroit, après les avoir faites, se dispenser de les régler de hauteur avec les deux baguettes dont j'ai parlé pour les autres, ainsi je ne fais qu'indiquer ici cette attention; mais quand les Mailles doivent remplir l'office de Mailles à petit coulisse, il faut que ce nœud soit bien plus près de la jonction que de l'autre partie, alors on ne se sert que d'une baguette *C*, *Fig.* 5, *Pl.* 10, qu'on place entre les nœuds & la tringle *A*, *Fig.* 2, *Pl.* 9; alors on procure à toute la Lisse une tension convenable en reculant la tringle *C*, puis on ôte celle *B*, après avoir passé dans l'ouverture qu'elle forme aux Mailles une ficelle *E*, *Fig.* 5, *Pl.* 10; & enfin on amene avec la baguette *C*, même figure, aussi près de la ficelle qu'il est nécessaire, pour former des especes de Mailles à petit coulisse. Telle est la maniere qu'on emploie pour substituer les Mailles à nœud à celles à petit ou à grand coulisse, & qui consiste à avancer ou reculer le nœud.

SECTION CINQUIEME.

Maniere de construire les différentes Lisses, en employant les Métiers de Rouen, de Tours, &c.

Des Lisses dont les Mailles sont à crochet.

LA *Fig.* 1, *Pl.* 10, représente un Ouvrier occupé à faire la premiere partie d'une Lisse, dont les Mailles seront finies à crochet: quand cette partie est achevée, on ôte les chevilles des deux tringles & la Lisse sort aisément; puis ayant substitué un lisseron à la tringle *A*, on attache les cristeles par les deux bouts, ainsi qu'on l'a déja dit plusieurs fois; après quoi on met cette partie sur le banc, & l'Aide présente toutes les Mailles les unes après les autres à l'Ouvrier, qui en faisant la deuxieme partie les enfile une à une, ainsi qu'on le fait. Cette premiere opération n'a rien qui mérite d'être détaillé, ainsi je passe aux Mailles à petit coulisse. PLANCHE 10.

Des Mailles à petit coulisse.

ON ne se sert à Rouen & à Tours, pour faire les Mailles à petit coulisse, d'aucun ustensile ni d'aucun procédé particulier; le petit Coulisseur, tel que nous l'avons décrit en rapportant l'usage d'Avignon, où la corde détermine la hauteur du coulisse, comme les tringles *A*, *B*, détermine l'écartement des parties,

Des Mailles à grand coulisse.

Je ne sépare l'article des Mailles à grand coulisse de celui qui précéde, que pour conserver l'ordre que je me suis tracé; car toute la différence est, qu'ici on se sert du grand Coulisseur, & là du petit.

Des Mailles à nœud.

Les Mailles à nœud n'ont rien de particulier, suivant l'usage de Rouen, de Tours, &c. que le Métier sur lequel on les fait; ainsi nous n'en dirons rien de plus.

Remarques sur les différents Métiers, & sur les différentes Méthodes.

J'ai dit ce me semble dans le corps de cet Ouvrage assez souvent mon avis sur les défectuosités des machines, & sur l'insuffisance des procédés, pour pouvoir, sans être taxé de partialité, dire encore ce que je pense des différentes méthodes que je viens de rapporter.

J'avoue que le Métier de Nîmes, d'Avignon, &c. est sujet à un inconvénient qui l'empêche de fabriquer des Lisses de toutes les grandeurs, à moins qu'on n'eût des tringles du milieu de toutes les largeurs possibles, ce qui n'est assûrément pas pratiquable; mais d'un autre côté les trois tringles une fois assemblées, si l'Ouvrier s'assure d'une parfaite égalité dans leur largeur totale, d'un bout à l'autre, rien ne sauroit faire varier les Mailles qu'on fait dessus. Il n'en est pas de même des tringles qu'on voit aux autres Métiers, l'expérience apprend qu'à force de serrer une Maille, puis la suivante, & ainsi de suite, elles se rapprochent, insensiblement à la vérité, mais cette somme de rapprochements ainsi multipliés devient très-sensible; & lorsqu'une Lisse est en œuvre, on est fort surpris de voir les Mailles du milieu tendues, tandis que celles des extrémités sont fort lâches; on en cherche fort loin la cause, & l'Etoffe elle-même en éprouve des défectuosités dans la fabrication, parce que la chaîne ne leve pas également, & que ces Mailles flottantes contribuent à faire casser la soie, parce qu'elles bouclent & qu'elles produisent des accrochements qui la font arracher.

Quant à la facilité du travail avec tel ou tel Métier, je pense que l'habitude en est toujours la mesure; ainsi à cet égard point de préférence.

J'ai trouvé en construisant des Lisses moi-même, que l'usage du rochet étoit plus commode que celui de la navette; mais encore une fois l'habitude ôte toutes ces différences.

CHAPITRE QUATRIEME.

De la maniere de faire les Liſſes à jour ou ligatures, & de marquer toutes ſortes de Liſſes pour en faire les Ordonnances.

SECTION PREMIERE.

Maniere de faire les Liſſes à jour ou ligatures.

LES Liſſes à jour qu'on emploie à la fabrication des Etoffes de ſoie, ont ordinairement leurs Mailles à petit couliſſe, quelquefois à crochet, & rarement à grand couliſſe ou à nœud; mais lorſque ces Liſſes ſont deſtinées à fabriquer toutes les autres eſpeces d'Etoffes, elles ont preſque toujours leurs Mailles à nœud: ainſi pour quelque Liſſe à jour que ce ſoit, on diſpoſe le Métier comme pour les Liſſes pleines; la différence conſiſte dans la diſtance qu'on doit mettre entre les Mailles & entre les diviſions.

J'ai dit en quelqu'endroit de ce Traité, que les Liſſes devoient avoir la même largeur que l'étoffe; ainſi cette largeur une fois déterminée, il eſt facile de faire la répartition des Mailles que le Fabriquant veut donner à ſa Liſſe. Si donc ſur vingt pouces de large on veut vingt doubles Mailles, il eſt clair que la diſtance de l'une à l'autre ſera d'un pouce, & s'il en faut faire entrer trente, la diſtance ſera de huit lignes.

Ce que je viens de dire ne doit s'entendre que des Liſſes à jour, qui en formant un deſſein, forment auſſi le corps de l'étoffe; car quant à celles qui n'ont rien de commun avec le fonds d'une Etoffe, & ne ſervent abſolument qu'à former un deſſein, il faut ſuivre une toute autre route dans la maniere de les faire. Il n'y a là-deſſus de regles fixes que celles que preſcrit le deſſein à l'éxécution duquel on les deſtine, parce que tel deſſein exigera vingt Liſſes, tandis que tel autre n'en exigera que dix, douze, &c. & que parmi toutes ces Liſſes, il n'y en a quelquefois pas deux de ſemblables: il faut donc autant de diſpoſitions particulieres que de différentes Liſſes, & c'eſt le deſſein ſeul qui doit en cela ſervir de guide.

Qui que ce ſoit du Fabriquant ou du Liſſeur qui détermine la quantité de Liſſes néceſſaires pour l'exécution d'un deſſein, il ne ſauroit en venir à bout ſans former un plan, qu'on nomme *Ordonnance de Liſſe*, qui n'eſt autre choſe que les proportions, priſes ſur un deſſein, pour ſavoir combien il faut de Liſſes pour l'exécuter, de combien de diviſions chaque Liſſe doit être compoſée, & à quelle diſtance ces diviſions doivent être les unes des autres.

Comme les divisions d'une même Lisse ne tiennent presque jamais des distances égales, il faut apporter à les marquer & à les exécuter les plus grandes précautions, sans quoi l'Ouvrier qui doit fabriquer l'étoffe seroit arrêté; & pour le dire en passant, il faut que chaque division se rencontre au point de la largeur de l'étoffe où se lie la partie de la chaîne ou du poil qu'elle fait mouvoir; attendu que ces sortes de Lisses font mouvoir le poil ou la chaîne, quelquefois tous deux ensemble, mais plus communément le poil que la chaîne.

S'il arrive que ces divisions ne se rencontrent pas exactement avec le point de la chaîne auquel elles doivent correspondre, elles occasionnent lors du travail des écartements aux fils de la chaîne, & à ceux du poil qu'elles font mouvoir; ce qui nuit à la perfection l'étoffe.

Pour rendre plus sensible la maniere dont doivent être faites les Lisses à jour ou ligatures, & la précision que je viens de recommander, j'ai fait graver un échantillon d'Etoffe de soie façonnée, dont le dessein puisse se faire par le secours des Lisses à jour : ce moyen m'a paru le meilleur que je pusse employer pour donner une juste idée du rapport des Lisses aux Etoffes.

PLANCHE 11.

L'échantillon dont je vais parler est représenté par la *Fig.* 1, *Pl.* 11; & pour ne pas multiplier les Planches à l'infini je l'ai réduit à trois pouces huit lignes, (telle est du moins la proportion que je lui ai fait donner sur la Planche de cuivre; car on sait qu'en mouillant le papier, ses dimensions augmentent, & qu'il ne les reprend jamais bien exactement en séchant), au lieu de sept pouces quatre lignes qu'il devroit avoir réellement, pour être *répété trois fois* dans une largeur de vingt-deux pouces que je suppose à l'étoffe; ainsi je préviens le Lecteur, que pour éviter une Planche double, toutes les proportions que lui présente celle-ci sont réduites à moitié.

Le dessein qu'offre aux yeux l'échantillon supposé, est formé par un poil, que des Lisses à jour font mouvoir; par conséquent il faut en considérer l'effet dans le sens de la longueur de l'étoffe, afin de découvrir l'ordre dans lequel elles le produisent.

Il faut, pour rendre sur une étoffe un dessein de l'espece de celui qu'on voit ici, plusieurs combinaisons, dont les principales dépendent des Lisses & du Métier sur lequel l'étoffe est fabriquée : ne croyant pas à propos de rien dire ici du méchanisme du Métier, je renvoie mes Lecteurs à la partie de cet Ouvrage, où je traiterai de la fabrication des Etoffes, & ne parlerai pour le présent que de l'effet des Lisses.

La largeur de notre échantillon doit se prendre du point *A*, au point *B*, & sa hauteur dans le sens du point *A*, au point C. Il faut aussi considérer l'effet de son dessein sur la hauteur, afin de connoître par quelle combinaison les Lisses peuvent lui faire produire son effet, & quel nombre de Lisses on doit y me-ployer.

Il faut autant qu'on le peut, diminuer le nombre des Lisses à jour dans l'exécution l'exécution d'un deſſein, par-là on diminue beaucoup la peine de celui qui monte le Métier, & de l'Ouvrier qui fabrique ; & pour donner ſur cela quelques notions générales, il faut placer ſur une Liſſe toutes les diviſions qui s'accordent ſur l'étoffe par l'effet du deſſein, ſans prendre garde ſi elles dépendent de la même partie ou non ; par exemple, en voulant mettre toutes les Liſſes que le deſſein de notre échantillon paroît exiger, on trouvera qu'il en faut trente-trois ; puiſqu'il y a autant de parties ſéparées, ainſi qu'on peut s'en convaincre par les lettres qui les diſtinguent : au lieu qu'en combinant à propos, on pourra l'exécuter avec dix Liſſes ſeulement, comme on va le voir. Pour faire mouvoir les fils par une ſeule Liſſe, il ne faut pas s'arrêter au nombre qu'en contient chaque partie, il ſuffit de les comparer les unes aux autres pour voir ſi leur effet eſt le même ; par ce moyen on connoîtra les parties qu'il faut plaçer ſur une même Liſſe, attendu qu'on verra dans la hauteur du deſſein le même travail, produit par une combinaiſon juſte des mouvements qu'on fait faire aux Liſſes lorſqu'elles ſont en travail.

Les parties *a*, *a*, *b*, *b*, *b*, *b*, *b*, *b*, produiſent ſur l'échantillon un même effet, qui ne peut être rendu que par un même mouvement qu'on leur a fait éprouver ; ainſi une ſeule Liſſe peut ſervir à les faire mouvoir. Les parties *c*, *c*, ſont égales entr'elles, & leur effet eſt produit par un même mouvement ; ainſi elles ſeront menées par la ſeconde Liſſe : par la même raiſon les parties *d*, *d*, *e*, *e*, compoſeront la troiſieme ; celles *f*, *f*, *g*, *g*, feront la quatrieme ; celles *h*, *h*, la cinquieme ; *i* ſera la ſixieme ; *k*, *k*, la ſeptieme ; *l*, *l*, *l*, *l*, la huitieme ; *m*, *m*, *m*, *m*, rempliront la neuvieme ; & enfin les parties *n*, *n*, occuperont la dixieme.

J'ai dit que le deſſein ſeroit répété trois fois dans la largeur de l'étoffe ; on ſaura aiſément par-là combien chaque diviſion doit contenir de Mailles, puiſque ſur chaque partie du deſſein eſt marqué le nombre des dents que chaque partie occupera dans le peigne, avec lequel l'étoffe ſera fabriquée : il eſt même à propos de ſavoir que chaque dent contient deux fils, & que chaque fil occupe une Maille.

Je vais mettre ſous les yeux du Lecteur le Tableau de la quantité des diviſions, & du nombre de Mailles que toutes ces dix Liſſes doivent contenir.

	Diviſions.	Mailles.
La premiere Liſſe ſera compoſée de vingt-deux diviſions, dont dix-huit de ſix Mailles, deux de huit, & deux de ſeize, faiſant en tout 156 Mailles, ainſi que la *Fig.* n°. 1, *Planche* 11, qui repréſente la regle ſur laquelle on dirige les Liſſes à jour, le fait voir; ci.	22	156
La ſeconde ſera de ſix diviſions, de ſix Mailles chacune; *voyez N°.* 2: en tout.	6	36
La troiſieme contiendra douze diviſions, dont ſix de ſeize Mailles, & ſix de douze, N°. 3: en tout. . . .	12	188
La quatrieme contiendra douze diviſions, dont ſix à douze Mailles, à ſix chacune, N°. 4: en tout. . . .	12	108
La cinquieme aura ſix diviſions, de ſix dents chacune, ou, ce qui eſt la même choſe, de douze Mailles chacune, N°. 5: en tout.	6	72
La ſixieme aura trois diviſions de quatre dents, N°. 6; ci.		24
La ſeptieme contiendra ſix diviſions, de quatre dents chacune, ce qui donnera quarante-huit Mailles, N°. 7; ci.	6	
La huitieme, douze diviſions, à quatre dents chacune, N°. 8; ci.	12	96
La neuvieme, douze diviſions à ſix dents, N° 9; ci. .	12	144
La dixieme & derniere Liſſe contiendra ſix diviſions, à huit dents chacune, ce qui fait quatre-vingt-ſeize Mailles; *voyez N°.* 10; ci.	6	96
	97 Diviſions.	968 Mailles.

On a eu ſoin de graver au bout de chaque tringle, *Planche* 11, le nombre des Mailles; & celui des diviſions eſt au milieu de chacune.

Il eſt eſſentiel, ainſi qu'on doit le ſentir à préſent, de ſavoir combien chaque Liſſe doit contenir de diviſions, afin de pouvoir marquer les diſtances qu'elles doivent garder entr'elles; & comme ces diſtances ne ſont pas égales, c'eſt à l'échantillon à ſervir de guide là-deſſus, puiſque c'eſt en droite ligne de chaque partie que les diviſions des Liſſes font mouvoir la ſoie, qui forme ces mêmes parties. Il faut auſſi connoître la quantité de Mailles que contient chaque diviſion, pour la porter ſur la *marque* qu'on donne au Remiſſeur; on doit connoître enfin la quantité des Mailles que toutes les Liſſes enſemble contiennent, pour déterminer par-là la quantité de fil ou de couſi qu'on y employera, & pour voir ſi l'on eſt d'accord en tout avec le poil qu'on fait ourdir pour tel ou tel deſſein.

SECTION SECONDE.

Maniere de marquer les Lisses pour en faire l'Ordonnance.

INDÉPENDAMMENT de l'Ordonnance générale qu'on donne au Lisseur, on y joint encore des marques séparées pour chacune des Lisses, relatives à chaque dessein. Ces marques sont numérotées, & les divisions y sont placées suivant les distances que l'Ouvrier doit observer en faisant ses Lisses. On se sert ordinairement pour cet usage de tringles de bois, plates & minces, de regles, ou de longues bandes de papier. Voici de quelle maniere on s'y prend.

Comme ces regles ou bandes ont pour longueur toute la largeur de l'étoffe, le Fabriquant marque très-exactement par des lignes, l'endroit où sur le dessein est placée chaque division, & autant qu'il est possible, en marquant le nombre de Mailles que chacune contient, on tâche qu'elle n'excede pas les lignes qui terminent ces divisions, de la même maniere qu'on le voit observé sur les dix bandes, *Fig.* 5, *Pl.* 11, qui représentent ces regles.

Si pour faire ces Mailles on se sert d'un échantillon où le dessein soit contenu en entier, on le présente sur la longueur de la bande ou sur les regles, autant de fois qu'il doit être répété dans la largeur de l'étoffe, en commençant par un bout de la regle & finissant par l'autre, & l'on marque sur la bande en droite ligne toutes les parties qui doivent être reçues par une même Lisse, & ainsi de suite pour toutes les autres.

Par exemple, pour la premiere Lisse de l'échantillon, *Fig.* 1, *Pl.* 11. Il suffit de comparer la marque, N°. 1, au dessein de l'échantillon, en la présentant trois fois sur sa longueur, & l'on trouvera que les parties *a*, *a*, *b*, *b*, *b*, *b*, *b*, *b*, sont contenues trois fois dans la largeur de vingt-deux pouces, qui est celle de l'étoffe. On reconnoîtra encore par le même moyen, que les parties *c*, *c*, sont contenues trois fois sur la regle, N°. 2, & ainsi des autres; ce qui a lieu pour toutes sortes de Lisses & de desseins.

Tout ce que je viens de dire ne peut avoir d'exécution que lorsqu'on copie un échantillon; car si le dessein qu'on veut exécuter est *mis en carte*, il faut se servir de moyens tout différents : il y en a plusieurs; mais ceux que je vais rapporter suffiront pour comprendre aisément tous les autres, ou pour se faire des méthodes à soi-même. Je me bornerai à trois exemples, que je tiens des plus habiles Fabriquants, & que j'ai depuis mis moi-même en usage.

Le dessein d'une étoffe, *mis en carte*, porte lui-même le nombre des divisions & des Mailles que chacune doit contenir; il n'y a plus qu'à en déduire les distances, en proportion du trop de grandeur qu'elles ont sur le dessein, pour les réduire au point où il doit être sur l'étoffe. Si la *carte* est deux fois aussi grande qu'il ne faut, en prenant la moitié des distances qui y sont marquées, on aura exactement la mesure nécessaire, & il sera facile de faire la réduction des parties, & de trouver la place & la grandeur de chaque division ; mais comme il arrive souvent que la carte n'a aucune proportion (du moins facile à assigner) avec l'étoffe, le moyen que je viens d'indiquer est absolument insuffisant.

Le second exemple, ou pour mieux dire le second des trois moyens que j'ai annoncés, consiste à faire recopier ce dessein pour le mettre dans les proportions qu'il doit occuper sur l'étoffe, & alors on s'en sert comme de l'échantillon dont j'ai parlé, en le présentant sur les regles de Lisses qu'on a vues ; & malgré cette précaution il ne faut pas négliger le premier dessein mis en carte, parce qu'il donnera plus exactement le nombre des dents du peigne, & par conséquent celui des Mailles.

Le troisieme moyen consiste à savoir d'abord, combien de dents contient le dessein qui a été mis en carte, suivant les parties qui le composent, & combien il reste de dents libres dans les distances qui séparent les parties du dessein ; ainsi il est très-aisé de trouver exactement la quantité de lignes ou de pouces que telle distance qui contient tant de dents, doit occuper ; & on n'a plus besoin que d'un compas & d'un pied-de-Roi pour tracer ces rapports sur la regle ou sur une bande de papier, ainsi que je l'ai dit, & on aura en peu de temps des marques de Lisses pour donner à l'Ouvrier.

Lorsqu'on donne au Lisseur les regles ou bandes dont je viens de parler, on y joint ordinairement une ordonnance de Lisse, conçue comme celle qu'on voit ci-dessous, qui convient à l'échantillon que j'ai rapporté : j'ai cru qu'en donnant pour modele une ordonnance, qui eût un rapport avec les marques de Lisses, que le Lecteur a sans doute encore sous les yeux, l'un & l'autre deviendroit plus intelligible.

Ordonnance pour les Ligatures ou Lisses à jour, du dessein ou de l'échantillon rapporté ci-dessus.

La marque N°. 1	contient 22 divisions	156	Mailles.
celle N°. 2	6 divisions	36	Mailles.
celle N°. 3	12 divisions	188	Mailles.
celle N°. 4	12 divisions	108	Mailles.
celle N°. 5	6 divisions	72	Mailles.
celle N°. 6	3 divisions	24	Mailles.
celle N°. 7	6 divisions	48	Mailles.
celle N°. 8	12 divisions	96	Mailles.
celle N°. 9	12 divisions	144	Mailles.
celle N°. 10	6 divisions	96	Mailles.
	97 Divisions.	768	Mailles.

Comme

Comme les marques de cette Ordonnance n'ont aucun rapport entr'elles, & qu'il n'y a rien de si ordinaire que de ne leur en voir aucun, il faut apporter la plus scrupuleuse attention pour les faire exécuter avec précision ; c'est pour cela qu'on a coutume de donner séparément une marque pour chaque Lisse, à moins que dans le nombre de celles qu'un dessein exige, il n'y en ait de pareilles les unes aux autres, alors on met quelques différences dans l'Ordonnance, mais les marques sont toujours faites de la même maniere ; & pour trois ou quatre Lisses qui sont semblables en tout, on ne fait qu'une seule marque, qu'on distingue dans l'Ordonnance comme ci-après.

Il faut 4 Lisses sur la marque N°... elle contient 6 divisions 48 Mailles ; ce qui fait 24 divisions, ci...... 24 divisions 192 Mailles : on observe de placer le total des divisions sous les nombres de celles qu'on a marquées pour les autres Lisses, & le total des Mailles sous le nombre des Mailles qu'on a aussi marquées, afin de pouvoir additionner les uns & les autres, & par ce moyen on est sûr de ne faire aucune erreur.

Voici de quelle maniere le Lisseur exécute les Lisses à jour, selon les dispositions contenues dans l'Ordonnance, & sur les marques.

De quelque Métier qu'il se serve, il le dispose comme s'il alloit faire une Lisse pleine, observant néanmoins l'arrangement convenable au genre de Mailles qu'il doit fabriquer ; ensuite il place sur la tringle supérieure de celles qui servent de moule aux Mailles, une bande de papier, ou autre chose qui en tienne lieu, puis il trace sur cette bande les mêmes divisions, qui sont marquées sur les bandes ou regles qu'on lui a données, & travaille ensuite comme à l'ordinaire, en faisant attention de ne placer sur chaque division que le nombre de Mailles qui y est marqué.

Il est indifférent pour l'exécution des Lisses qui concernent un dessein, de suivre les marques par l'ordre des numéros ; il suffit que chacune soit faite avec beaucoup de soin ; & quand toutes celles destinées à un même dessein sont finies, on les embrasse avec une ficelle, pour ne les pas mêler avec d'autres, & c'est alors qu'on les range suivant leurs numéros, pour qu'on les puisse reconnoître, & les placer dans un ordre convenable sur le Métier où elles doivent travailler.

Si les marques qu'on donne au Lisseur sont sur des regles ou tringles de bois, il peut les attacher solidement par les deux bouts avec un peu de fil sur la tringle supérieure du Métier, en place de la bande de papier dont nous avons parlé ; par ce moyen il n'a qu'à substituer les unes aux autres d'abord qu'elles sont finies.

A mesure qu'on a rempli chaque division d'une marque du nombre de Mailles qui y convient, il faut avoir attention d'arrêter le fil par deux ou trois nœuds sur la derniere Maille, de maniere que dans aucun cas il ne puisse glisser ; car les Mailles venant à se relâcher, se rapprocheroient insensiblement, & les divisions se confondroient enfin.

Si lorsque la distance d'une division à l'autre est peu considérable, on peut après avoir arrêté le fil, ainsi qu'on vient de le dire, se dispenser de le casser pour la division suivante, il suffit de l'étendre sur le cristele, & de l'y arrêter par deux ou trois nœuds, jusqu'à la division suivante; de maniere que le dernier se trouve placé précisément sur le bord de la division qu'on va couvrir de Mailles, & l'on continue comme auparavant. Lorsque les divisions sont un peu plus écartées, on casse le fil après l'avoir arrêté sur le cristele par deux ou trois nœuds, on l'y attache de nouveau, & on continue le travail comme à l'ordinaire.

La seconde partie des Lisses à jour se fait absolument comme on l'a vu pour les Lisses pleines, excepté que les divisions sont les mêmes qu'à la premiere partie; d'ailleurs on se fait aider de quelqu'un qui donne les Mailles les unes après les autres, comme on l'a dit.

Lorsque dans les Lisses à jour les Mailles sont également distantes les unes des autres, on fait entre chacune autant de nœuds sur le cristele que la distance en peut contenir, & si cette distance étoit si grande, qu'il en fallût faire trop, on se contente de les arrêter chacune par deux nœuds, puis étendant le fil sur le cristele on va jusqu'à la Maille suivante, ayant soin de faire deux autres nœuds avant de faire la Maille; de façon que cette Maille se trouve exactement sur le point de la division, & entre quatre nœuds, deux d'un côté, & deux de l'autre.

Quant aux Ligatures dont les Mailles sont placées à égale distance les unes des autres, on ne donne ni marque ni regles au Lisseur pour les construire; c'est à lui à diviser la longueur des Lisses qu'on lui demande, suivant le nombre de Mailles qu'il doit y mettre; & il observe les distances au moyen des nœuds dont il les remplit sur le cristele avec le fil ou le cousi. La seconde partie de ces ligatures se fait comme on l'a vu pour les Lisses pleines. *Voyez Fig.* 1, *Pl.* 9 & 11.

J'ai avancé dans la premiere Section de ce Chapitre, que fort souvent dans le nombre de Lisses nécessaire pour exécuter un dessein, il n'y en a pas deux de semblables; si l'on jette les yeux sur les dix marques de la Planche 11, on pourra aisément s'en convaincre, pour peu qu'on les compare les unes aux autres. Pour rendre cette vérité plus sensible, j'ai fait graver dans la même Planche des Lisses à jour, *Fig.* 2, 3 & 4, dont les différences vont devenir de plus en plus sensibles.

PLANCHE 11.

La *Fig.* 2 est une Lisse supposée faite sur la marque N°. 1.

La *Fig.* 3 est une autre Lisse faite sur la marque N°. 6.

Enfin la *Fig.* 4 représente une Lisse dont le compte revient à la marque N°. 10.

Les différences de ces trois Lisses sont assez marquées pour donner une idée claire des variétés dont je parle; & en effet la variété des Lisses venant de celle des desseins qu'on voit sur les Etoffes, comme la combinaison de ceux-ci est infinie, l'ustensile qui les produit doit suivre la même proportion.

SECTION TROISIEME.

Des Lisses & Ligatures propres pour les poils & les chaînes en or, argent filé, & lame.

IL n'est personne qui n'ait vu d'Etoffes d'or ou d'argent ; les unes présentent des rayûres, d'autres des cannelés, celles-ci ressemblent à une serge d'or, celles-là sont tissues comme du satin, ou représentent des desseins tout en or ou en argent ; enfin il en est de couvertes par une seconde chaîne, en or ou en argent, dont l'effet est de produire quelque dessein particulier.

C'est par le moyen des Lisses ou des Ligatures qu'on produit tous ces effets sur les Etoffes, en incorporant à la chaîne de diverses manieres, les fils d'or ou d'argent qu'on y emploie à mesure qu'on forme le tissu. Ces Lisses ne sont pas faites comme celles dont je viens de donner la description ; ainsi ce seroit laisser incomplet l'Art que je traite, que de ne pas donner la maniere de faire celles-ci. Ce ne sont ni des Mailles à nœud ni des Mailles à crochet, ni des Mailles à coulisse ; mais elles sont construites avec de petits *Maillons* de verre, dans l'ouverture desquels passe le fil d'or ou d'argent, qui ne sauroit s'y accrocher.

On appelle *Maillon* une espece d'anneau de verre, tel que le représente la *Fig.* 2, *Pl.* 12. La forme de celui qu'on voit ici n'est pas la même à tous ; mais ce n'est pas ici le lieu d'entrer dans un grand détail à cet égard ; il me suffit pour l'instant, de dire que tous les Métiers sur lesquels on fabrique des Etoffes façonnées, en ont d'à-peu-près semblables. Leur grandeur varie aussi, & je ne me suis pas appliqué à les représenter ici dans leurs proportions, pour pouvoir plus facilement en distinguer les différentes parties, & faire mieux connoître leur usage.

Chaque Maillon a trois trous sur sa hauteur, & est terminé en pointe par les deux bouts : les trous *a*, *b*, des extrémités, sont destinés à recevoir le fil des Mailles, dans la structure desquelles ils entrent, ainsi qu'on le voit en *d*, *e*, *Fig.* 1, *même Planche*. Quant au trou du milieu *c*, c'est par-là que passe le fil d'or, qui ne sauroit s'y accrocher à cause du poli, qui fait tout le mérite de ce petit ustensile de verre fondu.

PLANCHE 12.

Un avantage qu'on rencontre encore à retenir les fils d'or ou d'argent dans de pareils Maillons, est le passage qu'ils procurent à ces fils de métal, toujours raboteux, en prévenant les accrochements, & le déchirement de la chaîne elle-même, qu'il ne seroit pas aisé d'éviter, à cause du mouvement continuel que cette immense quantité de fils éprouve de haut en bas.

Voici comment on s'y prend pour faire Les Lisses & les ligatures à Maillons.

On passe le fil, qu'on destine à former la Lisse, dans l'un des trous du bout d'une grande quantité de Maillons ; puis se servant de tel des Métiers dont on a vu plus haut la description, on forme la premiere moitié des Mailles, ayant soin de mettre à chacune un Maillon, *voyez Fig.* 5; & lorsqu'un côté de la Lisse est fait, on démonte le Métier, & on s'y prend pour l'autre partie comme on l'a dit plusieurs fois pour chaque espece de Lisse.

Il est cependant à propos d'observer, que la maniere de former les Mailles de cette seconde partie, ne sauroit être entiérement semblable à la premiere; car, comme il faut enfiler les Maillons les uns après les autres, il est certain qu'on ne peut se servir de navette ou de rochet; il faut dans ce cas, de toute nécessité, couper le fil par longueurs suffisantes pour faire cinq ou six Mailles; & alors on enfile chaque Maillon à mesure qu'on forme les Mailles, avec l'aide d'un Ouvrier, qui, au lieu qu'il présentoit les Mailles ouvertes, ainsi que nous l'avons dit, présente les Maillons dans l'ordre où ils doivent être, & l'Ouvrier noue chaque nouveau bout de fil avec celui qu'il vient d'employer, ce qui lui donne de la continuité.

Outre l'attention que l'Aide doit apporter pour présenter les Mailles à l'Ouvrier, selon leur ordre, il faut encore que ces Maillons soient enfilés, de maniere qu'ils se présentent à plat lorsque la Lisse est faite, afin que le trou se rencontre droit au fil d'or ou d'argent qui l'enfile: *voyez Fig.* 7, où cette précaution est rendue sensible, mais sans proportion.

Quelques Ouvriers intelligents ont l'habitude de construire les Lisses à Maillons à fil double; on ne peut qu'approuver cette méthode: comme l'office d'une Lisse est de monter & descendre sans cesse, les pointes des Maillons n'étant pas suffisamment couvertes par un seul fil, risquent d'accrocher la soie de la chaîne, au travers de laquelle ils vont & viennent continuellement. Peu de Fabriquants, que je sache, ont jusqu'à présent adopté cette excellente méthode, dont on ne sauroit assez leur recommander l'usage. La beauté d'une Etoffe, sur-tout en soie, tient à de si petits détails, qu'il n'en est aucun qu'on puisse négliger impunément.

Il est encore à propos de se servir plutôt de Maillons un peu plus gros, que de plus petits; en voici la raison: si l'on y fait attention on trouvera que toute la dorure (on comprend aussi sous ce nom l'argent) qu'on emploie dans les Etoffes, est remplie d'aspérités, qui ne sauroient monter & descendre entre les fils d'une chaîne assez serrée, sans y causer quelqu'accrochement; mais au moyen des Maillons un peu larges, on vient à bout de procurer entre chacun de ces fils un écartement suffisant pour prévenir cet inconvénient.

Je ne me suis autant étendu sur cette derniere espece de Lisses, que parce que j'ai eu occasion de voir que fort peu de Fabriquants en connoissent la structure, & que plusieurs se sont dégoûtés de fabriquer certaines Etoffes, faute de pouvoir lever les difficultés qu'ils y ont rencontrées.

Pour completter autant qu'il est en moi l'Art que je décris, je crois devoir dire quelque chose de la maniere d'entretenir les Lisses, & de refaire les mailles qui peuvent casser en travaillant; j'y joindrai quelques observations sur la la nature des différentes Mailles, ainſi que ſur la préférence qu'on doit accorder aux unes ſur les autres.

Obſervations particulieres ſur les Métiers à faire les Liſſes, & ſur les différentes opérations qui y ſont relatives.

Lorsqu'au commencement de ce Traité j'ai déduit les raiſons qui me déterminoient à ne choiſir parmi les différents Métiers à faire des Liſſes, que les trois qui m'ont paru mériter cette préférence, j'aurois dû faire mention d'un quatrieme, qui n'a beſoin d'aucune deſcription particuliere, attendu ſa ſimplicité, & ſa reſſemblance avec celui de Paris. Il me ſuffira donc ici de renvoyer le Lecteur à ce que j'ai dit du dernier, en ajoutant cependant que celui dont je veux parler, a, par-deſſus celui de Paris, la commodité de ſe monter avec des vis, au lieu de chevilles, ce qui en rend le tranſport bien plus facile; je n'en dirai pas davantage, & je crois qu'il n'eſt perſonne qui ne puiſſe le faire exécuter, s'il le deſire, après avoir décrit celui auquel je renvoie.

Les grandeurs que j'ai données aux Métiers, dont on a vu la deſcription, ne ſont que celles dont on ſe ſert communément. On verra par la ſuite qu'on a ſouvent beſoin de Liſſes de trois aunes, & même trois aunes & demie de long: il faut alors ſe procurer des Métiers qui ayent environ treize pieds & demi, car le Métier doit toujours exceder d'un demi-pied à chaque bout, la plus longue Liſſe. Quant à la hauteur des Mailles, elle ne paſſe jamais dix-huit pouces; ainſi cette dimenſion eſt à tous les Métiers toujours la même. On peut bien en faire de moins hautes; mais, comme on l'a vu, on eſt toujours maître de varier cette hauteur par la poſition des tringles.

Les étoffes qui exigent de ſi longues Liſſes, ſont les couvertures de laine, les toiles pour les voiles des vaiſſeaux, quelques tentures pour les appartements, &c.

En général les Liſſes qui ſervent à fabriquer les draps ſont de deux aunes & demie de longueur, parce que c'eſt à cette largeur qu'on les fabrique ordinairement. Ceux qui n'ont pas de connoiſſances ſur l'apprêt des draps, ſeront ſans doute ſurpris d'une auſſi grande largeur, d'après celle que nous leur voyons ordinairement; mais il eſt certain que l'opération du Foulon, d'où dépendent le corps & la beauté des Draps, ne leur procure ces importantes qualités qu'aux dépens de leurs dimenſions en tous ſens; ainſi tel drap, qui, quand on l'achette, n'a qu'une aune un quart de large, avoit au ſortir du Métier deux aunes & demie; & ſi la même piece dans cet inſtant avoit vingt aunes de long, elle ſe trouve réduite à dix.

Je n'ai parlé de ce phénomene ſingulier, que pour faire voir de quelle longueur devoient être les Liſſes, ſur-tout lorſqu'on ſe propoſe de fabriquer des Draps d'une largeur extraordinaire. Il ne faut donc pas juger des Liſſes par la largeur actuelle d'une étoffe, mais par celle qu'ils avoient avant de recevoir de l'apprêt.

Le Foulon n'est pas seulement mis en usage pour les Draps; il est certaines Etoffes soie & coton, qui y perdent plus ou moins, selon leur espece, ainsi que les couvertures de lit, & les moletons de soie: ces étoffes n'acquierent cette épaisseur & cette consistance que nous leur voyons, que par l'effet du Foulon; après quoi on leur procure ce duvet qui les rend peluchées, en en tirant le poil avec des chardons, pareils à ceux dont on se sert aux Draps avant de les tondre.

Il est donc indispensable de connoître parfaitement la quantité dont telle ou telle étoffe perd au Foulon, pour lui donner en la fabriquant une largeur proportionnée à celle qu'on veut qui lui reste: il faut aussi connoître le nombre de brins, dont leur chaîne doit être composée.

J'ai dit, en parlant de la hauteur qu'on doit donner aux Mailles, dont on forme les Lisses, qu'elle ne passe communément pas dix-huit pouces; mais je n'ai pas prétendu par-là qu'elles eussent toutes cette hauteur; elle varie, en raison de ce que la chaîne est composée d'une plus ou moins grande quantité de brins; & l'on peut établir pour regle générale, que plus elle est fournie, plus les Mailles doivent avoir de hauteur; & au contraire, quand elle l'est moins, on se permet de leur en donner un peu moins. On ne diminue cette hauteur que par raison d'économie, parce qu'il entre moins de fil ou de cousi dans une Lisse de douze pouces de haut, que dans une de seize; par exemple, ou de dix-huit; encore cette économie n'est-elle pas le fruit d'un calcul fort exact; car avec l'attention de retourner de temps en temps les Mailles sur les lisserons, on ménage le fil, & ce qu'on gagne à les faire plus courtes devient bien peu de chose; d'ailleurs comme les frottements sont bien plus durs quand elles sont courtes, je pense que ce qu'on ménage d'un côté, peut très-bien se dissiper de l'autre. Mais il y a là-dessus dans les Fabriques des préjugés dont il n'est pas aisé de faire revenir les Ouvriers; aussi voit-on peu de Fabriquants qui suivent cette méthode: & rien n'est si ordinaire que des Mailles très-courtes, qui se meuvent toutes dans un fort petit espace, & s'usent par ce moyen en fort peu de temps. La démonstration de ce que j'avance est à la portée de tout le monde; il n'y a dans cette mauvaise méthode que le fil d'épargné; car peu importe à un Ouvrier de donner trois ou quatre pouces de plus ou de moins à ses Mailles; la dépense de plus est donc bien peu de chose.

Les observations que je place ici ont pour but de faire connoître bien des défauts, auxquels peu d'Ouvriers en Lisses prennent garde, & qui cependant peuvent tirer à conséquence, sur-tout dans la Fabrique des Etoffes de laine, où ces ustensiles ne sont pas aussi bien traités que pour les Etoffes de soie: on se contente souvent de leur donner huit pouces de haut, & l'on cherche après cela bien loin, remede aux inconvénients qui se multiplient abondamment.

Ces Mailles, dont le frottement se passe toujours au même endroit, sont en peu de temps usées, & si l'Ouvrier n'a pas soin de les raccommoder sur le champ, les fils de la chaîne ne levent & ne baiſſent plus, & l'étoffe eſt pleine de ces défauts, qui n'y ſont que trop communs.

Des différentes opérations.

ON doit ſe rappeller les opérations que j'ai décrites à meſure que j'ai traité chaque eſpece de Mailles. Je n'y ajouterai rien ; mais je me crois obligé de parler des inconvénients qui naiſſent de la négligence des Ouvriers à ſuivre les méthodes que j'ai enſeignées : les deux premiers Métiers que j'ai rapportés y ſont moins ſujets ; mais le Métier à la Pariſienne, ainſi que la maniere dont on s'en ſert, ſont ſouvent très-vicieux.

Quelques Ouvriers ont l'habitude de faire la ſeconde partie des Liſſes ſans employer les tringles que je recommande, pour ſervir de moule aux Mailles ; ils ſe contentent de placer la Liſſe à une diſtance approchante de celle qu'il faut, & croyent pouvoir ſuppléer à ces tringles, en conſervant l'écartement auquel ils l'ont d'abord placée ; de maniere qu'à meſure qu'ils font leurs Mailles elles ſe trouvent tendues.

Il paroît au premier coup-d'œil que ces Mailles ne ſauroient manquer d'avoir cette égalité de longueur, qu'il eſt ſi eſſentiel de leur donner ; mais en faiſant attention à la difficulté, pour ne pas dire l'impoſſibilité, de placer la premiere partie bien parallélement aux tringles qui font la ſeconde, on conviendra que cette méthode eſt-très défectueuſe, & les Liſſes ne peuvent manquer d'être ſenſiblement plus hautes d'un côté que de l'autre, ainſi elle doit être abſolument rejettée, ou du moins elle devroit l'être ; car je n'ai droit que de faire remarquer les défauts, & je ſais bien qu'il n'eſt pas de raiſonnements qui tiennent contre la routine des Ouvriers. Un autre inconvénient aſſez conſidérable, c'eſt que le fil de cette ſeconde partie, eſſuye un frottement qui fait rétrograder ſon tors ; de façon que certaines parties en ont beaucoup, & d'autres point du tout. Enfin, ces Mailles ſe couchant les unes ſur les autres, il eſt clair qu'elles ne peuvent avoir un même degré de tenſion ; auſſi rien n'eſt plus ordinaire dans les Fabriques que de voir des Liſſes dont une partie eſt tendue, tandis que l'autre eſt fort lâche ; au moyen de quoi la chaîne ne leve pas également, & la trame ne s'y place pas comme elle devroit l'être ; ſource de ces imperfections & eſpeces de canelures qu'on rencontre tous les jours dans des étoffes, dont le mérite particulier eſt de préſenter une ſurface parfaitement unie.

Il n'eſt preſque pas d'Ouvriers, même parmi ceux qui ſuivent cette mauvaiſe méthode, qui ne conviennent de ces défauts ; mais, ou bien ils la tiennent de leurs parents ou de leurs maîtres, & n'en connoiſſant pas d'autres ils la pratiquent telle qu'ils l'ont reçue, avec cette obſtination, toujours compagne de l'ignorance ; ou bien ils trouvent dans ces procédés des moyens de gagner un peu de temps, pour compenser par-là la modicité du prix que leur donnent ceux qui les employent.

On a tellement pris l'habitude de faire la seconde partie des Lisses *à Maille tendue*, que beaucoup d'Ouvriers ne font pas autrement toutes les leurs, & même ils en font les deux parties à la fois : telle est la coutume des Lisseurs qui travaillent pour les Remisses des gazes. Ces Remisses sont composés de Lisses à nœud simple ; & pour les faire, deux Ouvriers, placés l'un devant l'autre, ayant le Métier entre eux, travaillent à la fois : l'un fait la partie où se trouve le nœud, & l'autre celle où il n'y en a pas : voici quelle est l'opération.

Le Métier sur lequel se fabriquent ces Lisses, est placé horizontalement comme celui de Paris, *Fig.* 1, *Pl.* 8 ; la différence consiste, en ce qu'au lieu des trois tringles, avec lesquelles on forme la premiere partie des Mailles, suivant la méthode de Paris, ici ce sont deux fortes tringles, seulement retenues dans les mêmes traverses, mais dont l'écartement est égal à la hauteur totale des Mailles ; puis on passe au milieu de cet écartement une tringle de fer poli, d'environ quatre lignes de diametre ; de maniere qu'elle n'approche pas plus d'un côté que de l'autre des tringles de bois. Dans cet état on conçoit aisément, qu'à mesure qu'un des deux Ouvriers fait une moitié de Maille, l'autre aussi-tôt passe sa navette dans cette premiere moitié, & fait la seconde ; mais il faut prendre quelques précautions dont je vais parler.

Il est évident que si l'un des deux Ouvriers faisoit de suite une moitié de sa Lisse, sans que l'autre fît en même-temps la seconde, le serrement de chaque Maille feroit plier insensiblement la tringle de fer, qui par ce moyen décriroit une courbe : les Mailles du milieu se trouveroient, quoiqu'au total d'une longueur égale, partagées en deux moitiés inégales, à cause de la courbure de la tringle, & la plus courte seroit la premiere faite ; au lieu que si l'on suppose qu'à mesure qu'un Ouvrier fait une demi-Maille, le second fait l'autre moitié, le tirage de l'une sur la tringle sera contre-balancé par celui de l'autre, & ainsi la Lisse sera parfaitement égale dans toute sa longueur, & c'est-là ce qui a fait imaginer de faire à la fois les deux parties d'une Lisse : mais il s'en faut de beaucoup que les choses n'aillent ainsi. J'ai dit ci-dessus que les Lisses qu'on fabrique ainsi à Paris sont destinées au Gaziers, & que ce sont des Mailles à nœud simple. On doit se rappeller que des deux parties dont elles sont composées, l'une comprend le nœud, & l'autre n'en a pas. Or, il est évident, que celui des deux Ouvriers qui fait la partie qui n'a pas de nœud, doit aller à peu près le double plus vîte que l'autre ; par conséquent il ne pourra pas éviter la courbure de la tringle & l'inégalité des Mailles ; c'est pour parer à cet inconvénient qu'on a coutume de soutenir cette tringle contre l'effort qui tend à la courber, au moyen d'un arc-boutant de bois un peu échancré par chaque bout, pour mieux tenir en place : cet arc-boutant doit avoir de longueur l'écartement exact de deux tringles, & à mesure que l'Ouvrier avance son ouvrage, il le place contre l'en-

droit

droit où il en eſt ; l'autre continue ſon opération, & n'eſt arrêté par aucune difficulté. L'opération de ſoutenir la tringle de fer, qu'en terme d'Ouvriers on nomme *caler*, eſt, comme on le voit, indiſpenſable pour remédier à la défectuoſité de la méthode que je viens de rapporter.

Outre le nœud que le ſecond Ouvrier eſt obligé de faire pour ces ſortes de Liſſes, & qui ralentiſſent ſa marche (je n'entends pas parler ici du nœud que chaque Ouvrier fait de ſon côté ſur le criſtele, mais de celui qui conſtitue les Mailles à nœud), il eſt encore arrêté par l'attention qu'il faut apporter pour paſſer la navette dans l'ouverture de la premiere partie, dans le ſens convenable, pour ne pas faire de Mailles à col tors, & pour les bien prendre les unes après les autres, ſans en paſſer aucune : comme ſouvent ces Mailles ſont fort ſerrées ſur la tringle de fer, & qu'elles ſont fort tendues, il n'eſt pas aiſé de paſſer la navette dans un auſſi petit eſpace, & dans une auſſi petite ouverture ; ce qui ne manque pas de retarder l'Ouvrier.

C'eſt auſſi la difficulté de paſſer la navette, qui fait que pour cette ſeconde partie on ſe ſert de fort petites navettes, auxquelles on ne donne guere qu'une ligne & demie d'épaiſſeur, encore a-t on ſoin de n'y mettre que fort peu de fil ; au lieu que l'autre Ouvrier, qui dans ſon opération n'eſt gêné par rien, peut à ſon choix ſe ſervir d'une navette ou d'un rochet.

Peut-être que ce qui a donné lieu à l'uſage de la tringle dont je viens de parler pour les Mailles à nœud, vient de l'idée qu'ont eue certains Ouvriers, de rendre par ce moyen l'ouverture de ces nœuds égale dans toutes les Mailles ; mais s'ils avoient voulu faire quelque attention à la maniere dont on augmente ou diminue à volonté ces nœuds, au moyen des baguettes, dont j'ai indiqué l'uſage dans un autre endroit ; ils auroient ſenti que cette légere précaution tenoit lieu d'une méthode auſſi vicieuſe, & en excluoit tous les inconvénients.

Si quelqu'un veut abſolument ſe ſervir de la méthode dont je viens de parler, au moins doit-il entiérement abandonner l'uſage de travailler deux Ouvriers à la fois pour mener les deux parties enſemble : il faut dans ce cas commencer par la partie qui n'a pas de nœuds, & pour l'autre il faut ſe faire préſenter les Mailles l'une après l'autre, ſeul moyen d'éviter les croiſements, auxquels cette méthode eſt ſujette, ainſi qu'à prendre deux Mailles pour une, ce qui change entiérement l'ordre & les diſpoſitions des Liſſes, & y jette une confuſion qui tourne toute au préjudice de l'Ouvrier & de l'Ouvrage. J'ai eſſayé par moi-même toutes les manieres que je rapporte ; & quoique cette derniere ſoit encore très-imparfaite, j'ai remarqué que le ſeul moyen d'en tirer quelque parti, eſt de faire les deux parties des Liſſes l'une après l'autre, & même je puis aſſurer qu'on y gagne du temps, non pas relativement à une Liſſe, qui, faite par deux à la fois, va néceſſairement plus vîte ; mais par rapport à la journée de deux Ouvriers, qui ſéparément font beaucoup plus d'ouvrage, & le font d'une meilleure qualité.

En comparant la dépenſe d'une Liſſe, dont les Mailles ſont à nœud, avec celle d'une autre où elles sont à grand ou à petit couliſſe, on eſt ſupris avec raiſon, qu'un auſſi mince objet ait pu juſqu'à préſent déterminer les Fabriquants à donner la préférence aux premieres. Il eſt certain qu'y ayant moins de Mailles, la quantité du fil ou du couſi qu'on y emploie n'eſt pas auſſi grande, & par conſéquent la dépenſe premiere auſſi forte; mais auſſi les frottements portent tout entiers ſur un fort petit eſpace, qui eſt la partie du nœud, & par conſéquent cet endroit eſt très-promptement uſé; au lieu que les Mailles à grand ou à petit couliſſe ont la facilité de ſe changer en baiſſant ou retournant les criſteles ſur leurs liſſerons; d'ailleurs l'une des deux Mailles ne frotte qu'en élevant la chaîne, & l'autre ne frotte qu'en la baiſſant; il eſt donc évident que ces frottements, ainſi répartis, ſont beaucoup moins ſenſibles: une Maille à nœud vient-elle à caſſer, l'Ouvrier a toutes les peines imaginables à la refaire, encore ne ſauroit-il la faire comme il faut dans une auſſi grande quantité de Mailles, de fils & d'embarras de toute eſpece; ainſi tout engage à rejetter une méthode auſſi vicieuſe.

Une autre difficulté non moins eſſentielle dans l'uſage des Mailles à nœud, c'eſt lorſqu'il s'agit de paſſer les fils d'une chaîne dans des nœuds, qu'un rien peut ouvrir ou fermer; & tel Ouvrier ne *remettra* qu'une chaîne dans un temps donné dans des Mailles à nœud, qui dans le même temps en *remettroit* trois dans des Mailles à grand ou à petit couliſſe. On eſt obligé pour les premieres, de ſe ſervir d'un inſtrument d'ivoire ou de laiton, qu'on nomme *paſſette*, de peur d'aggrandir l'ouverture des nœuds, comme on le feroit ſi l'on ſe ſervoit de ſes doigts pour le même uſage; au lieu qu'on n'a d'autre précaution de l'autre maniere qu'à ménager le fil ou le couſi; précaution commune aux deux méthodes.

Un Ouvrier attentif doit, après avoir fabriqué environ vingt-cinq aunes d'étoffe quelconque, changer un peu les criſteles de place ſur le liſſeron; par ce moyen les fils de la chaîne rencontrent des parties de Mailles qui n'ont encore eſſuyé aucun frottement, & les Liſſes en durent beaucoup plus long-temps, ce qui ne peut ſe pratiquer aux Mailles à nœud; & à travailler également, une Liſſe à grand ou à petit couliſſe peut durer trois ans, tandis qu'une à nœuds aura peine à finir ſon année.

Il ne faut pas croire que je prétende par-là fixer la durée des Liſſes; cela eſt impoſſible, & dépend de pluſieurs circonſtances qu'il n'eſt pas facile de faire rencontrer. Premiérement, l'adreſſe de l'Ouvrier, qui peut les ménager plus ou moins; ſecondement, la bonté du fil ou du couſi qu'on ne peut jamais garantir, & pluſieurs autres événements qui concourent à leur deſtruction ou à leur conſervation.

On aura occaſion de voir par la ſuite qu'il y a dans les Manufactures, des Ouvriers dont l'unique occupation eſt de *remettre* les chaînes dans les Mailles des Liſſes; lors donc qu'une fois une chaîne eſt ainſi paſſée, l'Ouvrier n'a qu'à fabriquer ſans aucun autre ſoin; cependant, comme il eſt poſſible que quelque fil de cette chaîne vienne à casser, il ne sauroit aller chercher un autre Ouvrier pour le repasser : on conçoit qu'il a beaucoup plus de peine lorsque les Mailles sont à nœud, n'étant pas accoutumé à ce genre de travail, que quand elles sont à coulisse, qui donnent un libre passage aux doigts de l'Ouvrier le moins à droit.

Je n'oserois prononcer aussi affirmativement sur la préférence qu'on doit accorder à telle ou telle méthode, si je n'avois pris soin de me mettre au fait des opérations de chacune ; il ne me manque que cette pratique, qu'on ne peut acquérir que par un long travail, & qui ne consiste que dans la prompte exécution des préceptes que je donne sur toutes les parties qui peuvent avoir quelque rapport avec l'Art dont j'ai entrepris de donner la description. Il ne m'a cependant pas été possible de pratiquer de mes mains toutes les opérations que je rapporte ; mais connoissant par moi-même les principales, j'ai parcouru les Ateliers & les Fabriques, j'ai conféré avec les différents Ouvriers, qui, ne se doutant pas du dessein que j'avois de publier mon Art, ne m'ont regardé que comme un Artiste qui veut s'éclairer ; au lieu que je n'eusse trouvé en eux que dissimulation & éloignement. Ce que je dis ici est à dessein de prévenir la critique que je m'attends à voir faire de toutes mes descriptions : mais avec des intentions droites, des connoissances sûres, un courage infatigable, j'espere me captiver la bienveillance de cette partie respectable du public, qui juge sainement, & sans partialité, & pour laquelle seule j'écris.

Je ne finirois pas si je voulois répondre aux objections que chaque Ouvrier m'a faites en particulier ; il n'en est pas un qui ne soutienne sa maniere d'opérer comme la meilleure de toutes, & c'est cette obstination qui n'admet pas même d'examen, qui apporte le plus grand obstacle aux progrès des Arts. Je prends donc le parti de ne répondre à personne, & je me persuade que les soins que j'emploie seront la réponse la plus satisfaisante que je puisse donner.

On trouvera peut-être déplacées les observations que je fais ici sur la nature, l'emploi, & les différentes qualités des Lisses ; mais j'ai mieux aimé épuiser tout ce que j'avois à dire sur ce sujet, dans le Traité même, que de me livrer à ces mêmes réflexions, lorsque je traiterai de la fabrique des Etoffes, où on sera en état de sentir les défauts que j'aurai remarqués, & par-là je rendrai ma marche plus rapide & mes descriptions plus claires ; d'ailleurs pour completter ce Traité en faveur des personnes qui ne voudront pas acquérir celui des Etoffes de Soie, j'ai dû ne rien laisser à desirer de tout ce qui lui est relatif. Il ne me restera, lorsque je décrirai les opérations de fabrique, qu'à indiquer les Lisses qu'il est plus à propos d'employer, & le Lecteur saisira aussi-tôt les raisons de préférence.

Pour revenir à mon sujet il faut savoir, que de toutes les especes de Mailles, dont j'ai donné la description, on n'est pas maître d'employer indifféremment les unes ou les autres, sur-tout dans la fabrique des étoffes. Ce seroit entrer dans un détail inutile que de faire l'énumération de toutes les Etoffes de Soie, ainsi que des Liſſes qui conviennent à chacune. Je crois que cette indication ſera mieux placée à meſure que je traiterai de la maniere de fabriquer chaque eſpece d'Etoffe en particulier ; mais je puis dire en général quelles ſont celles qui ſont particuliérement admiſes dans les genres que je ne dois pas traiter.

En général on ſe ſert de Mailles à nœud dans la Fabrique des Gazes.

Pour les Toiles on emploie ordinairement celles à nœud & à crochet.

Pour les Draps & toutes les Etoffes de laine, on préfere communément les Mailles à nœud ; & pour ce genre ſeulement, des Mailles à double nœud, que je n'ai pas cru devoir décrire dans un article ſéparé, mais dont je dirai inceſſamment quelque choſe.

Je n'ai pas connoiſſance qu'on ſe ſerve de Mailles à couliſſe, autre part que pour les Etoffes de ſoie ; mais je ſuis perſuadé que ſi les autres Fabriquants en connoiſſoient les avantages, ils les auroient bien-tôt adoptées.

Dans une matiere auſſi vaſte, les réflexions abondent & ſe multiplient à chaque pas : heureux qui ſait les préſenter au Lecteur avec ordre ; je ſens ce qu'il faudroit faire, mais mes forces ne me permettent pas de l'exécuter ; & je m'apperçois que je me ſuis écarté de mon ſujet principal, je veux dire la conſtruction des Liſſes ; j'y reviens.

Lorſqu'on m'a vu blâmer avec tant de force la maniere de faire les Liſſes à deux Ouvriers à la fois, pour que les deux parties marchent à peu près enſemble, je n'ignorois pas ce qu'on peut dire pour ſoutenir cette méthode : les Ouvriers qui la mettent en uſage prétendent, qu'en les faiſant l'une après l'autre on peut aiſément ſe tromper, en paſſant le fil deux fois de ſuite deſſus ou deſſous le couliſſeur ; ce qui formeroit deux Mailles longues ou deux courtes de ſuite. Ils prétendent encore qu'en faiſant la ſeconde partie, on peut aiſément ſe tromper de Mailles, & joindre une partie courte avec une ſemblable, ou une longue avec une longue, ce qui met les Liſſes hors d'état de ſervir ; au lieu qu'en travaillant à Maille tendue on n'a pas cet inconvénient à craindre.

Cette objection eſt ſéduiſante, mais facile à réfuter ; il faut pour ſe tromper auſſi groſſiérement, perdre de vue les *ſignaux* dont j'ai rapporté l'uſage, & qui indiquent ſuffiſamment à quelle partie on en eſt ; & comme pour ſe rencontrer juſte avec le nombre de Mailles qu'une Liſſe doit contenir, il faut connoître celui des ſignaux, ainſi que la quantité de Mailles que chacun d'eux doit contenir, il paroît difficile de ſe tromper aſſez groſſiérement pour faire deux Mailles pareilles de ſuite, ſans s'appercevoir bien-tôt de cette erreur au premier ſignal ; & les Mailles à couliſſes étant compoſées de deux Mailles à crochet, ainſi qu'on l'a vu, elles doivent toujours marcher à nombre pair, & par conſéquent il eſt difficile de ſe tromper juſqu'au ſignal, à moins que dans l'eſpace de l'un à l'autre, qui renferme ordinairement vingt ou quarante Mailles, on n'en ait fait de ſuite deux longues & deux courtes ; ce qui pourroit arriver à cauſe du nombre pair, & impair, ſur leſquels le Remiſſeur doit ſe guider, de la maniere ſuivante.

Il

Il doit avant tout établir que le N°. 1, qui répond à une partie, sera rempli de Mailles courtes, & celui 2, ne le sera que des longues; il lui sera très-facile par ce moyen de reconnoître promptement quand ce sera le tour d'une Maille courte ou d'une longue; & si l'on ne suppose pas d'erreur d'une autre espece de la part de l'Ouvrier, il n'est pas possible que chaque vingtieme ou quarantieme Maille qui finira le signal ne doive se rencontrer courte ou longue, selon qu'il l'aura déterminé en commençant; alors il examine soigneusement en arriere jusqu'à l'endroit où il s'est trompé, que les Ouvriers appelle *trompage*, casse la demi-Maille fautive, après avoir défait toutes celles de devant, noue le fil sur le cristele, & continue son ouvrage.

Il y a plusieurs genres d'Etoffes dans la fabrique desquelles on ne sauroit gueres employer d'autres Lisses que celles à crochet; mais il seroit à desirer que les fils y fussent passés d'un autre maniere que celle que représente la *Fig.* 1, *Pl.* 2; comme je l'ai déja dit, les fils de la chaîne, serrés entre les deux demi-Mailles, essuyent un frottement considérable qui s'oppose à son passage; & pour peu qu'il vienne quelque *bouchon*, la soie se déchire, & l'étoffe en est bien-tôt altérée. Sans la difficulté qu'on éprouve à *passer* & à *remettre* aux Lisses à nœud, je trouverois leur usage sans contredit préférable: d'un autre côté ces nœuds en haussant & baissant sans cesse, sont augmentés ou diminués à chaque instant, ainsi tout engage à se servir des Mailles à petit coulisse.

Les Mailles à grand coulisse ont plusieurs avantages, qui les font préférer par beaucoup de Fabriquants, & entr'autres celui de faire mouvoir de bas en haut les fils de la chaîne, sans leur ôter la liberté d'être mus par les maillons du *corps de la tire*; mais on ne fait par-là que diminuer le nombre des Lisses, & non pas la quantité de fil ou de cousi; car elles doivent avoir au moins deux pouces de *foule* de plus que les autres, & elles doivent contenir autant de Mailles qu'une plus grande quantité de Lisses en contiendroit si elles étoient à crochet. Je dis que ces Lisses doivent être plus hautes que les autres, car, attendu que les Mailles en sont très-serrées, elles éprouvent plus de frottement de la part de la chaîne, & on vient à bout de le diminuer un peu en le divisant sur plus de hauteur: lorsqu'au contraire on se sert de Mailles à crochet, elles ne descendent pas pour rabattre la chaîne, ni ne lèvent pas pour la faire lever, autant que sont obligées de faire les Lisses à grand coulisse; & comme cette chaîne est répartie dans un plus grand nombre de Lisses, le travail de l'Ouvrier en devient encore plus aisé: tout concourt donc en faveur des Mailles à crochet pour les Etoffes façonnées.

Il est temps que je dise un mot des Mailles à double nœud, que je n'ai fait qu'annoncer: comme l'usage de ces sortes de Mailles ne s'est encore borné qu'à des essais, je n'ai pas cru devoir les mettre au rang des ustensiles reçus & utiles.

Quelques Ouvriers rebutés de voir que les Mailles à nœud qu'ils construisoient avec du cousi, étoient sujettes à l'inconvénient de glisser, de façon que l'anneau est toujours ou fermé ou trop grand, on a essayé de fixer le premier nœud ordinaire, par un second nœud qui l'embrassât & conservât l'ouverture dans un même degré ; mais dans ce cas il est à craindre que ces nœuds, dont la grosseur est toujours trop forte, ne nuisent au mouvement de la chaîne, & même ne la rongent à la fin. Il n'est gueres possible d'employer ces sortes de Lisses à fabriquer d'autres Etoffes que celles de soie, encore dois-je convenir que je n'en ai jamais vu faire que des essais, & que celles à nœud simple n'ont réussi que lorsque, pour éviter que l'anneau ne changeât de grandeur, on avoit eu la précaution de frotter le cousi avec de la cire.

On fait aussi des Mailles à double nœud pour les Fabriques d'Etoffes grossieres, comme couvertures, tapisseries de Bergame, & autres ; mais alors on se sert de ficelle fort menue, & c'est je crois le seul cas où on puisse se servir de pareilles Mailles ; attendu que, comme dans ces Etoffes les chaînes sont beaucoup moins serrées qu'aux étoffes fines, les nœuds ainsi doublés trouvent un passage plus libre entre chaque fil de ces chaînes.

Les Remisseurs qui ont cherché à perfectionner tous les genres qu'ils employent, ont su donner au double nœud une forme qui diminuât un peu sa grosseur ; ils les font de maniere qu'ils sont applattis, & les Fabriquants les connoissent sous le nom de *nœud* plats ; par ce moyen ils présentent une moindre résistance pour passer entre les fils de la chaîne.

Telles sont les réflexions que j'ai cru devoir présenter au Lecteur, sur les défauts & les avantages des différentes Mailles : je desire qu'elles tournent à leur perfection.

De maniere d'entretenir les Lisses pour les conserver plus long-temps dans leur entier.

S'IL est avantageux pour les Ouvriers d'avoir des ustensiles en bon état, il est nécessaire de les y entretenir ; mais il en est peu qui daignent en prendre soin quand ils n'en ont plus un besoin actuel ; c'est ainsi que beaucoup d'entr'eux en usent à l'égard des Lisses, & l'on est souvent fort surpris lorsqu'on veut en faire servir d'anciennes, de les trouver en très-mauvais état faute de les avoir entretenues.

Le détail que ces soins exigent n'est pas du ressort du Remisseur, aussi pourra-t-on trouver déplacé ce que j'en dis ici ; mais si ce Traité est intitulé, *Art du Remisseur*, il me paroît qu'il appartient autant à l'Ouvrage qu'à l'Ouvrier, & que tout ce qui concerne les Lisses n'y est pas déplacé.

Il y a des Ouvriers entre les mains desquels un Remisse peut servir trois, & même quatre ans de suite, tandis que d'autres l'useroient en moins d'un an, encore feroient-ils moins d'ouvrage avec. Voyons donc en quoi peut consister un soin si avantageux aux Fabriquants.

Il y a plusieurs précautions à prendre pour tirer des Lisses tout le parti possible, ſans les trop fatiguer. Un Ouvrier qui, dans l'arrangement de ſon Métier, ſait régler à propos le mouvement des Liſſes, doit avoir attention à ne donner aux cordes qui les font mouvoir que le degré exact d'étendue qu'elles doivent avoir, pour les faire monter ou deſcendre bien perpendiculairement, ſoit qu'elles ſe meuvent ſeules, ou pluſieurs à la fois, ou qu'elles reſtent immobiles; mais ſi une Liſſe eſt dans ſon mouvement tirée en avant ou en arriere, elle eſſuye un frottement conſidérable, puiſque ſouvent elle entraîne avec elle les autres Liſſes, qui ne doivent pas ſe mouvoir dans cet inſtant; ſi une Liſſe eſt mal diſpoſée, il eſt certain que toutes les autres doivent être montées de la même maniere; & ſi quelques-unes ſeulement ont un mouvement vicieux, elles iront néceſſairement ronger les Mailles de leurs voiſines, ſoit quand elles ſe meuvent, ſoit quand les autres ſe mouvront, & les fils de la chaîne eux-mêmes en seront altérés. Il eſt peu d'Ouvriers qui portent juſques-là leur attention, parce que le plus grand nombre ſe contente d'obtenir l'effet dont il a beſoin pour l'inſtant, ſans ſe mettre en peine de la durée de l'uſtenſile qu'il met en œuvre; mais, comme je l'ai dit bien des fois, il n'eſt pas de mince épargne pour un Fabriquant qui veut vendre ſes étoffes au prix courant, avec quelque bénéfice.

Suppoſons que les Liſſes ſoient bien *armées*, elles peuvent encore être en très-peu de temps détruites par la maladreſſe de certains Ouvriers, qui, quand ils fabriquent, poſent bruſquement le pied ſur les marches qui les font mouvoir, ou les lèvent de maniere que la totalité des Liſſes eſt dans une agitation perpétuelle, accompagnée d'un bruit conſidérable, occaſionné par des chocs des unes contre les autres: en faut-il davantage pour ruiner en peu de temps les uſtenſiles les plus ſolides, & les Mailles même ne ſauroient réſiſter à des ſaccades auſſi fortes & auſſi multipliées.

Il eſt rare, pour ne pas dire impoſſible, que toute une Maille caſſe dans un même inſtant; & ordinairement on ne voit guere caſſer qu'une demi-Maille: il eſt à propos, auſſi-tôt que l'Ouvrier s'apperçoit que le fil de la chaîne qui y répond ne lève ou ne deſcend plus, d'aller la racommoder; pour peu qu'il le néglige, l'étoffe en eſt altérée ſenſiblement en cet endroit. Voici la maniere de refaire cette Maille.

On cherche dans la Liſſe la Maille caſſée; on tient en main un bout de fil, d'une longueur & d'une groſſeur convenables pour faire une demi-Maille; on le paſſe dans la demi-Maille qui reſte, & on le noue au-deſſus du liſſeron, de maniere que cette Maille ne ſoit ni plus ni moins tendue que toutes les autres; puis prenant les deux bouts de la vieille demi-Maille, on les noue ſolidement ſur le criſtele de la Liſſe à laquelle elle appartient, afin que les Mailles voiſines, dont ce fil eſt la continuation, à droite & à gauche, ne ſe lâchent pas; enfin on paſſe ſur le criſtele un des bouts de la nouvelle demi-Maille dans le même endroit où on a noué la vieille, & on fait un double nœud en joignant ce bout à l'autre ; par ce moyen cette nouvelle Maille remplace celle qui vient de manquer, & l'Ouvrier continue ſon travail.

Qu'on juge après cela de l'importance du ſoin qu'on doit avoir pour les Remiſſes, & de la dépenſe qu'on peut épargner. Il y a des Fabriquants qui, pour engager les Ouvriers a ménager davantage les Liſſes, aiment mieux leur donner un prix plus fort, & les obliger à ſe fournir eux-mêmes de cet uſtenſile. Ce moyen n'eſt pas à rejetter entiérement ; mais ne peut-il pas ſe faire auſſi que pour économiſer davantage, cet Ouvrier ſe ſerve de Liſſes en trop mauvais état, & alors l'Etoffe elle-même en devient défectueuſe ?

Il y a certains Remiſſes dans leſquels il entre juſqu'à quarante onces de couſi, qu'on vend communément trois livres quinze ſols l'once ; & ſi l'on joint à cette dépenſe la façon de l'Ouvrier, cet objet peut monter environ à 160 liv. Il eſt certain que ſi un Ouvrier, à qui on confie un pareil uſtenſile, l'uſe en un an & demi, comme il arrive très-ſouvent, c'eſt un entretient de plus de 100 l. par an par chaque Métier, tandis qu'avec un Ouvrier ſoigneux il ne devroit pas excéder 25 liv.

Les Remiſſes de fil, qui coûtent beaucoup moins, ne laiſſent pas d'être d'une dépenſe aſſez conſidérable, parce qu'ils s'uſent beaucoup plus vîte que ceux de ſoie, & même avec un ſoin égal, l'expérience a appris qu'un de ſoie duroit autant que trois de fil. Il eſt étonnant que dans les Villes les plus floriſſantes pour les Manufactures d'Etoffes de Soie, on continue à ſe ſervir de Liſſes de fil, puiſque la dépenſe des unes ne ſauroit entrer en comparaiſon avec celle des autres. Je dis des Etoffes de Soie, car il eſt certain qu'on ne ſauroit ſe ſervir d'autres Liſſes que de fil dans preſque toutes les autres Etoffes ; il n'y a donc que la premiete dépenſe qui coûte, & lors qu'un Fabriquant s'y eſt une fois déterminé, l'entretien eſt fort peu de choſe : il eſt même certain qu'une Etoffe, fabriquée avec des Liſſes de ſoie, en acquiert une beauté, qui peut la faire valoir environ trois pour cent plus qu'une autre. Si c'eſt l'Ouvrier qui eſt chargé de fournir le Remiſſe, pour peu qu'il ſoit habile, il peut faire par jour au moins une aune de plus à certaines étoffes, s'il le fait faire avec de la ſoie : quand cette aune ne lui vaudroit que ſix ſols par jour, il augmente le prix de ſon travail journalier d'un cinquieme, puiſque les journées ordinaires ſont de trente ſols ; il peut donc ſe procurer, par ſon induſtrie, un bénéfice d'environ dix-huit pour cent de plus, qu'en ſe ſervant de celles de fil ; & ſi l'on ſuppute ce qu'un Ouvrier peut gagner dans un an, en ſuppoſant trois cents jours ouvrables, à une livre dix ſols chaque, on aura un produit de quatre cent cinquante livres ; à quoi ajoutant quatre vingt-une livre du bénéfice qu'il peut faire en ſe ſervant des Liſſes de ſoie, on aura la ſomme totale de cinq cents trente-une livres, qu'il peut ſe procurer ſans forcer aucunement ſon travail, & qui dans une famille peu fortunée ne laiſſe pas de faire quelqu'effet.

Je crois avoir démontré l'économie qui réſulte de l'uſage des Remiſſes de ſoie ;

ſoie ; ſi l'on y joint la dépenſe qu'on eſt obligé de faire pour remettre la chaîne à chaque Liſſe nouvelle, & qui ſe monte à ſix livres, à moins que l'Ouvrier ne fût en état de faire lui-même cette opération, auquel cas il perdroit encore ſon temps ; plus, ſix livres pour la façon de chaque Liſſe ; on trouvera que d'un côté ſon bénéfice eſt beaucoup augmenté, & de l'autre conſidérablement diminué, & par-deſſus tout cela l'étoffe en eſt beaucoup mieux fabriquée.

Après avoir établi des regles générales ſur la meilleure conſtruction des Liſſes, je reviens ſur mes pas, & j'avoue que toutes celles dont on ſe ſert dans les Fabriques, même d'Etoffes de Soie, ne doivent pas être de couſi, ſans exception ; les frottements qui nuiſent le plus à la durée des Liſſes, ne ſont pas auſſi multipliés dans toutes les Etoffes, & alors on peut les faire avec du fil dans les cas dont je vais parler.

Les perſonnes qui ont quelque connoiſſance de la fabrique, ſavent que les étoffes brochées ſont d'autant plus longues à fabriquer, qu'elles ſont plus chargées de brochure : il en eſt même dont l'Ouvrier le plus habile ne ſauroit faire par jour plus d'un quart d'aune, d'autres une demi aune, d'autres trois quarts, ou une aune, plus ou moins, en proportion de leur richeſſe de deſſein : or, dans ces cas, il eſt certain que la trame n'avance pas beaucoup, & que par conſéquent les Liſſes qui font lever la chaîne n'éprouvent pas des mouvements fréquents ; je m'explique : lorſqu'une étoffe eſt fort chargée de deſſeins, qu'on exécute en brochure, ces deſſeins s'exécutent à la *tire* ; & pendant ce temps-là les Liſſes qui font mouvoir la chaîne, relativement à la trame, reſtent tranquilles, & ce n'eſt qu'après que tous les coups d'*eſpolins* ſont donnés, que l'Ouvrier donne un coup de trame ; telle eſt la raiſon pour laquelle j'ai dit qu'un très-habile Fabriquant n'en peut ſouvent faire qu'un quart d'aune, &c. Lorſque j'ai recommandé de conſtruire les Liſſes en ſoie, cela ſe doit entendre de celles qui ſont deſtinées aux étoffes courantes, dont on peut faire pluſieurs aunes dans un jour, & où la chaîne eſt dans une agitation perpétuelle ; ainſi donc, dans l'autre cas, on pourra les faire avec du fil pour gagner ſur la premiere dépenſe, & parce que de pareilles Liſſes ſont en état de durer très-long-temps ; d'ailleurs ces Mailles ne ſont ordinairement pas à couliſſe, mais bien à crochet, & par conſéquent n'éprouvent pas de grands frottements ; ainſi les Liſſes de ſoie doivent être réſervées pour les étoffes courantes, ou celles *en plein*.

Il y en a encore quelques-unes pour leſquelles on peut ſe ſervir de Liſſes de fil, quoiqu'elles ſoient façonnées, & qu'elles ne ſoient pas brochées ; telles ſont les Pruſſiennes, les Droguets *lizérés* ordinaires, les Satins deux *lacs*, ſans *liage*, les petites Florentines, & quelques autres étoffes à peu près du même genre, parce que le nombre des Liſſes ne paſſe pas ſix ou huit, & que d'ailleurs les fils de la chaîne ne ſont paſſés que ſur les Mailles, qui ne ſervent qu'à les faire lever.

On met auſſi quelquefois des Liſſes de fil avec celles de ſoie, comme dans la fabrication des *Moëres satinées*, ainsi que des Moëres *double fond*; parce que, pour bien fabriquer les premieres, on est forcé de faire les Lisses de fond en cousi, & celles du Satin en fil, si on le juge à propos. Il seroit pourtant mieux de les mettre aussi de soie; mais ce changement n'est pas d'une grande conséquence, tant pour la beauté de l'étoffe que pour la promptitude du travail.

Pour les Moëres double fond on fait aussi les Lisses de fond en cousi, & celles du Satin & du *liage*, en fil, si l'on veut; cependant, comme ces dernieres sont plus fatiguées que les autres, il vaudroit mieux les faire en soie.

On sera peut-être surpris qu'il soit possible d'entre-mêler ainsi des Lisses aussi différentes; mais il faut savoir, que de quatre Lisses, destinées pour le fond dans les Moëres satinées, deux doivent mouvoir alternativement avec les deux autres; c'est-à-dire, que deux levent deux fois de suite, & ensuite les deux autres en font autant; au lieu que pour quatre fois que celles du fond se meuvent, celles du satin ne levent qu'une fois; ainsi sur huit coups de navette qu'on *passe* pour former le corps de la Moëre, chacune des huit Lisses du satin ne fait qu'un mouvement: de plus, chacune des Lisses qui servent à former le fond de l'étoffe, fait mouvoir le quart de la chaîne, au lieu que celles du satin n'en font mouvoir chacune qu'un huitieme. On peut donc s'attendre que les Lisses du fond doivent s'user huit fois plus vîte que celles du satin, si on les faisoit toutes de soie, ou toutes de fil. Tout ce que je viens de dire peut s'appliquer aux Moëres double fond.

Il y a encore d'autres genres d'étoffes où on se sert d'une partie de Remisses en soie, & l'autre en fil; je n'en ferai pas ici l'énumération, mais j'établirai comme regle d'économie, que lorsque dans une étoffe on est contraint de mettre deux corps de Remisse, dont l'un doit travailler beaucoup plus que l'autre, quoiqu'il soit composé d'un moindre nombre de Lisses: s'il contient une aussi grande quantité de mailles que l'autre, il est à propos de faire l'un en fil (c'est celui qui doit travailler le moins) & l'autre en soie; par ce moyen toutes les Lisses se trouvent usées à peu près ensemble, & le travail de l'Ouvrier en est plus régulier.

Il n'est aucun Fabriquant, & même aucun Ouvrier, pour peu qu'ils ayent quelque expérience, qui ne soient en état de déterminer, quelles Lisses il convient de faire en soie ou en fil; il suffit pour cela de juger de la quantité de mailles que l'étoffe qu'ils projettent d'exécuter exigera, de la partie plus ou moins considérable de la chaîne que ces Lisses doivent faire *lever* ou *rabattre*; enfin, de la multiplicité plus ou moins grande des mouvements qu'elles doivent éprouver.

On peut dire en général que les étoffes de soie unies doivent être fabriquées avec des Remisses de soie, parce que ce sont les plus difficiles à rendre parfaites, & que les moindres défauts y paroissent; c'est par cette raison que chaque fil de la chaîne doit être retenu par-dessus & par-dessous dans les mailles des Lisses, & qu'on ne sauroit y en employer qu'à crochet ou à petit coulisse ; par ce moyen, la chaîne leve & baisse uniformément, donne un passage égal à la navette, & chaque Duite de la trame s'y trouve placée comme elle doit l'être. Si les mailles sont à petit coulisse, comme leur nombre est double de celui des fils de la chaîne, ainsi qu'on l'a dit, il est à propos de les faire en cousi pour diminuer les frottements; avantage qu'on ne rencontreroit pas en les faisant avec du fil.

Si l'on préfere les mailles à crochet, il est encore plus à propos de les faire en soie, car un Remisse qui ne contiendroit que quatre Lisses, dont chacune auroit quatre cents Mailles, sur vingt-deux pouces de largeur, & qui seroit de fil, même le plus analogue au compte de soie & à la force de l'étoffe, si les mailles en étoient à crochet, donneroit plus de difficultés pour le travail qu'un Remisse de soie, passé de même, & dont les Lisses auroient chacune mille Mailles sur la même largeur ; cependant je crois avoir démontré qu'un Remisse de fil bien combiné, fait à petit coulisse, donne pour la fabrication beaucoup plus de facilité qu'un de soie, dont les mailles sont à crochet, & en balançant ses avantages & ses inconvénients, on trouvera que d'un côté l'Ouvrier va plus vîte avec ce Remisse de fil ; & de l'autre l'étoffe n'est pas fabriquée avec autant de propreté, & les fils de la chaîne ne sont pas aussi sujets à se casser ; mais une longue expérience a fait connoître qu'il altéroit insensiblement cette chaîne, en sorte qu'au bout de quelque temps les Lisses sont couvertes d'un duvet assez considérable, dont la source ne sauroit être douteuse, puisqu'il est absolument de la couleur de la chaîne ; & ce qui n'est pas emporté de ce duvet par les Lisses, ne résiste pas en passant entre les dents du peigne, où il se fixe contre les jumelles ; on en apperçoit même en quantité par terre sous le Métier. Rien n'est donc aussi sensible que cette altération, à laquelle il est essentiel d'apporter remede.

Mais, dira-t-on, comment peut-on connoître si ce sont les Lisses & le peigne qui tirent de la chaîne ce duvet qu'on y remarque souvent ; & ne sauroit-on attribuer à une toute autre cause un effet aussi ordinaire ? à cela la réponse est bien simple : qu'on se serve de toutes autres Lisses que de celles que je condamne, & ce duvet n'aura plus lieu : on n'en voit jamais aux Lisses de soie ; quelle preuve plus sensible puis-je donner du tort que font aux étoffes les Lisses de fil, excepté dans les cas que j'ai indiqués, où on ne peut gueres s'en passer !

Dans plusieurs Villes de Manufacture d'étoffes de soie on est forcé de *gommer* ou *coller* les chaînes des étoffes, & sans cette précaution on ne sauroit venir à bout de les employer. Les Ouvriers qui sont dans cet usage en attribuent la nécessité au peu d'aprêt qu'on donne à la soie, ou à la trop grande vivacité de l'air & ne soupçonnent pas même la véritable cause de ce déchet. Qui ne sent que les fils très-fins d'une chaîne, serrés entre des Mailles à crochet, faites de fil, ne sauroient y glisser sans éprouver quelque déchirement, qui ne peut manquer de nuire à la beauté de l'étoffe en lui donnant un coup-d'œil velu ?

Pour m'assurer par moi-même de la vérité de ce que j'avance ici, j'ai fait employer à un même genre d'étoffes façonnées, de pareilles qualités de soie, & d'une même couleur, pour que le degré de teinture fût le même, moitié avec des Lisses dont les mailles étoient à crochet, & moitié avec d'autres où elles étoient à petit coulisse : on a été forcé de gommer la partie à laquelle on employoit des mailles à crochet, & l'autre n'a souffert aucune difficulté avec celles à petit coulisse : j'ai eu la satisfaction de voir confirmer, par des expériences répétées, ce que j'avois imaginé ; & pour ne rien omettre de ce qui pouvoit faire varier mes résultats, j'ai poussé l'exactitude jusqu'à faire exécuter les mêmes desseins par un même Ouvrier, pour qu'on ne pût pas attribuer au plus ou moins d'habileté, la fatigue que pouvoit éprouver la soie dans le travail ; enfin j'ai moi-même fabriqué des deux façons, & jamais je n'ai trouvé de différences. Je puis donc assurer que la méthode de gommer les chaînes pour empêcher qu'elles ne s'éraillent en passant dans les mailles à crochet, est très-nuisible à la beauté & à la qualité de l'étoffe, & qu'elle doit être entiérement proscrite.

Comme cette partie de l'Art que je décris est destinée toute entiere aux Observations, sur les défauts & avantages des différentes méthodes de faire les Lisses; j'ai dû m'appésantir un peu sur les abus qui sont le plus universellement adoptés, pour faire voir la préférence qu'on doit donner aux Remisses de soie sur ceux de fil, & aux Mailles à coulisse sur celles à crochet. Tous les faits que j'avance sont aisés à vérifier, & les expériences n'en sont pas fort coûteuses.

Après avoir rapporté les raisons qui me font préférer les Remisses de soie à ceux de fil; comme ceux-là coûtent beaucoup plus, je crois qu'on me saura bon gré de donner ici quelques moyens pour les entretenir long-temps dans un bon état. Ces moyens, s'ils sont connus des Fabriquants, sont du moins fort négligés, car je ne les ai jamais vu mettre en usage que par un seul, dans une Fabrique que j'entretenois alors dans ma Patrie : c'est de lui que je les tiens, & quinze années de soins assidus pour tous les ustensiles qui m'appartenoient, m'ont convaincu, qu'il n'en est pas dont on ne puisse se servir très-long-temps, pourvu qu'on y apporte quelqu'attention.

Je l'ai déja dit quelque part, si je me permets de temps en temps de dire mon avis sur les vices des méthodes en usage, je dois en récompense rendre hommage aux talents. L'Ouvrier, dont je viens de vanter les soins & le savoir, a un droit acquis sur ma reconnoissance : c'est un Avignonnois, nommé Joseph Chauvet, fils d'un ancien Fabriquant de la même Ville. Il portoit si loin l'intelligence dans toutes les parties qui concernent les Fabriques d'Etoffes de Soie, qu'un Métier dont il s'étoit servi sans relâche pendant deux ou trois ans, étoit au bout de ce temps en aussi bon état que le premier jour ; & ce qui paroîtra peut-être surprenant, il joignoit

joignoit à la théorie la plus éclairée, la main-d'œuvre la plus recherchée & la plus parfaite.

Entre tous les uſtenſiles auxquels il donnoit une attention ſcrupuleuſe, les Remiſſes lui ſembloient les plus eſſentiels à conſerver en bon état; de-là dépend, diſoit-il, en grande partie, la beauté des étoffes : auſſi ne commençoit-il aucune journée ſans les viſiter toutes avec ſoin; & ſi quelque maille lui paroiſſoit trop foible, il la caſſoit lui-même, & en ſubſtituoit une autre à ſa place; mais il avoit une maniere particuliere pour refaire les mailles, & bien différente de celles que j'ai rapportées ci-deſſus : la voici.

Avant de caſſer la maille qu'il vouloit refaire, il prenoit un bout de couſi d'une longueur ſuffiſante pour la remplacer; puis l'ayant caſſée il nouoit à l'un de ſes bouts le nouveau; de maniere qu'en le retirant du côté du criſtele il s'y trouvoit rangé, & pouvoit empêcher les mailles voiſines de gliſſer; puis coupant la vieille maille à quatre ou cinq lignes près du criſtele, il y ajoutoit le nouveau bout par un nœud à *l'ongle*, autrement nommé *nœud du Tiſſerand*; enſuite ayant embraſſé la demi-Maille, s'il en reſtoit une, il nouoit l'autre bout avec celui de la vieille maille par un nœud *tirant* ou par un nœud *plat*, en lui donnant une tenſion égale à toutes celles de la Liſſe; & pour s'aſſurer davantage de cette égalité, il attachoit au milieu du liſſeron d'en bas un contre-poids ſuffiſant pour remplir ſon intention. Dans cette opération la perfection conſiſte à laiſſer toujours les criſteles libres & à découvert; de ſorte que ſi les nouvelles mailles qu'on fait de temps en temps venoient à caſſer, on pût les remplacer, ſans ôter aux Liſſes leur propreté, comme ſi elles étoient neuves; ce qui contribue beaucoup à la conſervation des Remiſſes.

Je prie le Lecteur de me pardonner cette digreſſion; mais j'ai ſaiſi cette occaſion de faire voir, par un exemple qui m'eſt perſonnel, que je ne hazarde aucune réflexion dont je ne me ſois aſſuré, & pour qu'on veuille bien me diſtinguer d'un froid donneur de préceptes, qui n'a rien vu de ce qu'il rapporte, que par les yeux d'autrui.

L'homme dont je viens de parler ne bornoit pas à cette partie les ſoins qu'il y donnoit; il ſe connoiſſoit très-bien à tout, & étoit en état de conduire la ſoie depuis le devidage juſqu'à la fabrique de l'étoffe la plus difficile à exécuter. Il montoit lui-même ſes Métiers, liſoit les deſſeins, & deſſinoit même aſſez paſſablement : il étoit contemporain du célebre Galantier, dont j'ai parlé dans la Préface que j'ai miſe en tête de cet Ouvrage : & qu'on ne croye pas qu'un intérêt perſonnel ou une liaiſon intime me dicte ce que j'écris ici; depuis le temps qu'il a travaillé chez moi il s'eſt écoulé bien des années, & quand il quitta Nîmes il avoit déja ſoixante-trois ans; à cet inſtant je ne ſais s'il eſt mort ou vivant; mais pénétré pour ſes talents en tout genre, de la plus ſincere admiration, je dois la juſtice à ſes lumieres, dont j'ai profité, d'en faire un aveu public.

Il avoit rédigé par écrit ſes connoiſſances ſur les manieres de monter toutes fortes de Métiers; toutes les *armures*, tous les *lisages* y étoient décrits; il s'étoit fait des tables raisonnées des différents comptes de fils qu'exigeoient les chaînes de telle ou telle étoffe, & l'on peut dire qu'il étoit un des plus habiles de son temps, non pas pour inventer, comme il en convenoit lui-même, mais pour exécuter. Il poussoit à un degré éminent l'arrangement qu'il convient de donner aux cordes pour le *lisage*; il n'ignoroit que *le montage à bouton*, encore y suppléoit-il par une profonde connoissance des mouvements qu'on doit faire faire aux *Xemples* dans les Etoffes riches; & j'ai eu occasion de voir des Métiers montés *à bouton*, par lui, d'une maniere toute différente des nôtres, & qui lui étoit particuliere; enfin on peut dire de lui, qu'en toutes les parties il égaloit les plus habiles, & qu'il les surpassoit en plusieurs.

Son Manuscrit n'étoit pour lui qu'un memento, pour servir au besoin; & quoiqu'il ne le confiât à personne, je dois avouer avec reconnoissance qu'il m'a offert plusieurs fois de m'en laisser prendre copie. Malgré tout son savoir il n'avoit aucun amour-propre, & si, travaillant ensemble chez moi à monter un Métier, ou à quelqu'autre opération, j'imaginois quelque procédé plus simple ou plus expéditif, il en convenoit aussi-tôt, & l'écrivoit dans cet important Recueil.

Que la jeunesse n'a-t-elle donc quelque prévoyance pour l'avenir! Et quel usage je ferois aujourd'hui de ce précieux Ouvrage! Mais uniquement appliqué alors à faire valoir une Manufacture, & content des lumieres que mes parents m'avoient communiquées, je ne pensois pas avoir jamais à remplir une tâche aussi pénible que celle que je me suis imposée, & où, pour tenir mes engagements, comme je le devrois, il seroit nécessaire de réunir toutes les connoissances relatives à un des Arts les plus étendus; mais enfin, devenu depuis plus prudent à mes dépens, je me suis vu forcé d'aller de Provinces en Provinces mettre tous les Ateliers à contribution, & d'y recueillir avec bien des peines, des matériaux pour l'édifice dont je jettois dès-lors les fondements.

Je n'ai parlé jusqu'ici que de la maniere de refaire les demi-mailles lorsqu'elles viennent à casser: comme le procédé pour les faire toutes entieres lorsqu'elles périssent est un peu différent, je vais en dire quelque chose.

De la maniere de faire les Mailles entieres lorsqu'il en casse une ou plusieurs à la fois, ou quand, par quelque faute de Remettage, *on est obligé d'en ajouter quelques-unes à des Lisses.*

Il arrive quelquefois qu'en travaillant, le haut & le bas d'une maille viennent à se casser; quelquefois aussi par des accidents imprévus il en casse plusieurs; enfin on est souvent obligé d'ajouter une certaine quantité de Mailles entieres pour réparer des erreurs commises par les Remisseurs, & dont on ne s'apperçoit que lorsqu'on a fini de *remettre*, c'est-à-dire, lorsque la chaîne est presqu'entiérement passée dans les Lisses.

Si la Maille qui manque eſt à crochet, & qu'elle ſe ſoit caſſée, on paſſe dans la partie ſupérieure des Mailles, ſuivant l'ouverture qu'y forme le liſſeron, une baguette unie, dont le milieu réponde à peu près à l'endroit où manque la Maille qu'on veut refaire ; puis pour donner à ces Mailles une égalité de tenſion, on ſuſpend à cette baguette un contre-poids d'environ une demi-livre, attaché à un bout de ficelle de douze ou quinze pouces de long, à l'autre bout duquel eſt un petit crochet de fer qui embraſſe la baguette ; dans cet état il eſt aiſé de ſentir que la premiere demi-Maille qu'on va faire ne ſauroit manquer d'avoir la hauteur, l'ouverture & la place convenables : après cette précaution, on noue un bout de fil ou de couſi à celui de la Maille caſſée, tout contre le criſtele ; puis après avoir paſſé ce fil ſous la baguette on va le nouer avec l'autre bout de la vieille Maille auſſi ſur le criſtele, ayant ſoin de ne tendre cette demi-Maille, ni plus ni moins que toutes celles qu'embraſſe la baguette. Il eſt évident qu'ici la baguette ſert de moule aux Mailles, de même qu'on a vu les tringles ſur les Métiers dont nous avons parlé. Lorſqu'on a bien aſſuré cette premiere partie par des nœuds ſolides, on fait la ſeconde partie de la même maniere, ſans cependant avoir beſoin de baguette.

Si le fil de la chaîne qui paſſoit dans la vieille Maille n'eſt pas caſſé, on a ſoin en faiſant la nouvelle Maille, que les bouts de fil ou de couſi dont on la compoſe, embraſſent le fil de cette chaîne de la même maniere qu'il étoit pris par les autres ; & enſuite on coupe les bouts de l'ancienne Maille après les avoir arrêtés avec la nouvelle.

S'il manque quelque Maille, ſoit dans le corps d'une Liſſe, ſoit pour les liſieres, ce qui peut arriver de la part du Liſſeur, qui, quelquefois ſe trompe de quelques-unes, on s'y prend de la façon qu'on vient d'enſeigner, en ſe ſervant de la baguette ; mais comme il n'y a pas de Maille caſſée à laquelle on puiſſe attacher le bout du couſi, on l'attache ſur le criſtele, en lui réſervant au-delà du nœud un bout d'environ deux pouces, qui ſert à nouer l'autre bout lorſque le fil ayant paſſé ſous la baguette revient au criſtele, où on le fixe ſolidement. Quant aux ſecondes parties des Mailles on s'y prend comme on l'a déja dit.

Si l'on a eu ſoin de donner à la premiere partie des Mailles un degré ſuffiſant de tenſion, il eſt certain qu'en ne donnant à la ſeconde que celui qu'on voit à toutes les autres, les Mailles qu'on eſt obligé de refaire n'auront aucune différence avec le reſte de la Liſſe ; mais il faut pour plus de précaution, pour la partie inférieure, tenir la Liſſe tendue avec quelque contre-poids.

Il peut encore arriver qu'il caſſe un nombre aſſez conſidérable de Mailles, (ce qui cependant indique que la Liſſe tire à ſa fin) ; mais enfin, je ſuppoſe qu'un Ouvrier la croyant meilleure, l'ait miſe en œuvre ; il eſt certain qu'on a beaucoup plutôt fait de refaire les Mailles que de dépaſſer & repaſſer la chaîne, ce qui ſeroit à peine pratiquable : on ſe ſert dans ce cas, comme dans le premier, d'une baguette, mais on la charge d'un plus fort poids ; & comme le fil ou couſi dont on ſert, doit avoir une certaine longueur, on en met une certaine quantité ſur un tuyau de buis ou de canne, & on procede à l'opération; mais il faut avoir ſoin d'ôter de deſſus le criſtele tous les nœuds des anciennes Mailles, & nouant le fil ou couſi à la derniere d'un côté, on les refait toutes, comme on l'a dit, juſqu'à ce qu'étant arrivé à celle qui reſte de l'autre côté on y arrête ſolidement ce fil. Il faut encore avoir ſoin à chaque Maille d'arrêter le fil ſur le criſtele, comme font les Liſſeurs; ſans cette précaution toutes les Mailles gliſſeroient les unes ſur les autres, & n'auroient aucune conſiſtance.

Il n'en eſt pas de cette derniere opération comme quand on ne refait qu'une Maille; mais lorſqu'il y en a pluſieurs, elles ne manquent pas lorſqu'on a ôté la baguette pour faire la ſeconde partie, de ſe tordre toutes ſur elles-mêmes; auſſi faut-il en ce cas qu'un Ouvrier préſente à celui qui les refait, les premieres parties dans l'ordre qu'elles tiennent ſur le criſtele, & ſuivant l'ouverture que le liſſeron leur donne. Voilà les moyens de remédier aux accidents qui peuvent arriver aux Liſſes, dont les Mailles ſont à crochet: voyons maintenant comment on s'y prend pour celles à couliſſe.

Lorſque les accidents dont je viens de parler arrivent aux Mailles à couliſſe, on ſe ſert au lieu d'une baguette, de deux bouts de fil de fer de la groſſeur des éguilles à tricotter: on en paſſe une ſur la jonction des grandes demi-Mailles, & l'autre ſur celle des petites, en les y aſſujettiſſant avec un contre-poids chaque; enſuite on noue les bouts de deux bouts de fil ou de couſi ſur le criſtele ſupérieur, ou bien on le joint aux bouts des Mailles caſſées, & on fait paſſer l'un ſous l'éguille la plus baſſe, & l'autre ſous la plus haute, & remontant les bouts, on la fait paſſer ſur le liſſeron, & on les noue avec l'autre bout des vieilles Mailles auxquelles ils correſpondent; & s'il n'y en a point, on les attache ſur le criſtele, on retire les éguilles, & on fait les demi-Mailles inférieures à peu près comme on a fait aux Mailles à crochet; car il eſt évident que la plus grande demi-Maille en aura pour ſeconde une courte, & l'autre une longue.

S'il falloit faire pluſieurs Mailles à couliſſe tout de ſuite, le procédé ſeroit abſolument le même; mais comme il faudroit beaucoup de fil, & qu'il eſt inutile de multiplier les bouts, on en met une certaine quantité ſur un tuyau de buis ou de roſeau, comme je l'ai dit ailleurs, ou de telle autre maniere que l'induſtrie peut ſuggérer la plus convenable; mais on ne ſauroit dans ce dernier cas, ſe diſpenſer d'avoir un Aide qui préſente les Mailles les unes après les autres pour éviter les erreurs. Il faut encore bien prendre garde de ſuivre l'ordre des Mailles ſur les Liſſes, & il ne ſuffit pas de faire alternativement une Maille courte & une longue; il faut encore que la longue vienne à ſon tour dans l'ordre des anciennes, & la courte de même.

Il ne m'eſt pas poſſible d'abandonner cet Article ſans dire un mot de la maniere de réparer toutes les eſpeces de Mailles; je vais donc parler de celles à nœud. Si la Maille qu'on a à faire eſt caſſée entiérement, on ſe ſert de la

baguette

baguette comme d'un moule pour l'anneau ou nœud qu'il convient d'y observer. Voici comment on s'y prend.

On attache un des bouts du fil ou cousi à la vieille Maille, tout contre le cristele; puis passant par-dessous la baguette, on remonte de l'autre côté, ensuite on fait un nœud-coulant qui embrasse la baguette, & enfin on attache le bout sur le cristele à celui de l'ancienne Maille, & l'on fait la partie inférieure, comme on l'a vu pour les Mailles à crochet. Mais si on a une suite de Mailles à refaire, il faut absolument suivre une autre méthode, & alors il faut commencer par la partie inférieure, dans l'ouverture des Mailles de laquelle on place la baguette, en la faisant remonter jusqu'à la jonction des demi-Mailles, à l'opposite du lisseron inférieur; & pour qu'elle puisse y tenir plus sûrement, on en attache les deux bouts avec une ficelle, & on la suspend au lisseron supérieur, pour que la partie inférieure demeure suffisamment tendue, & s'assurer de l'égalité des demi-Mailles qu'on va y faire; mais il est à propos pour cette opération que les nœuds soient en haut, & c'est de cette partie que j'entends parler, lorsque je nomme la partie supérieure.

Lorsque la baguette est placée, comme on vient de le dire, on fait les demi-Mailles de la même maniere que celles à crochet; après cela on place la même baguette dans quelques-uns des nœuds voisins, à droite & à gauche de celles qu'on veut finir, & on en fait la seconde partie à mesure que l'Aide présente les Mailles suivant leur ouverture: on forme le nœud sur la baguette, comme on l'a déja dit; & enfin on arrête le fil à chacune par des nœuds-coulants sur le cristele, comme on l'a vu dans l'opération du Remisseur. Si l'on fait les opérations dont je viens de parler sur le Métier même, on a soin, à mesure qu'on fait une Maille, d'y prendre les fils de la chaîne de la maniere dont ils doivent être passés; & si cette attention devenoit trop gênante, on pourroit les casser & les passer ensuite de nouveau après avoir réparé les Lisses.

Les soins dont je viens de faire le détail paroîtront peut-être un peu minutieux; mais les Lisses sont dans une Fabrique un objet de dépense & d'entretien assez considérables pour qu'on doive y donner quelqu'attention; il vaut mieux réparer que de construire; & lorsqu'un Remisse devient vieux il y a toujours des parties plus usées que les autres, & on vient à bout avec ces précautions de faire travailler des Lisses quelque mois de plus qu'elles n'auroient fait sans cela. Je desire bien sincérement que mes réflexions puissent être de quelque utilité à toutes especes de Fabriquants, tant en étoffes qu'en toiles, &c.

SECTION QUATRIEME.

De la maniere de defaire les Lisses.

SOIT qu'on ne veuille plus se servir de Lisses, qui sont devenues inutiles, soit qu'on veuille mettre à profit le fil des vieilles, il est bon de savoir les défaire sans rien couper, & d'un seul bout, par une méthode contraire à celle qu'on a employée à les construire.

PLANCHE 1.

La *Fig.* 10, *Pl.* 1, représente un Métier, dont on se sert pour défaire les Lisses; ce n'est pas autre chose qu'un montant de bois, planté solidement sur une croix, semblable à un pied à perruque, & sur la hauteur duquel sont placées plusieurs chevilles, telles qu'on les voit ici.

On place la Lisse sur les chevilles *A*, *B*; on arrête les cristeles *a*, *c*, aux chevilles *e*, *f*; ensuite on prend le bout du fil *b*, qu'on fait sortir du bout *a*, du cristele, de la partie *E*, de la Lisse: on devide ce fil sur le rochet *F*, qu'on tient commodément au moyen de la broche *G*, & qu'on fait tourner avec la main droite, tandis qu'avec la gauche on en conduit le bout.

On peut voir par la figure, qu'il est très-aisé de défaire tout d'un trait toutes les Mailles de la partie *E*, sans que le côté *K*, de la Lisse y apporte aucun obstacle; & pour peu qu'on se rappelle la maniere dont ces Mailles sont enlassées, on sentira que toute la partie inférieure se rangera à mesure qu'on devidera, comme les Mailles *L*, le sont déja.

On ne perd dans ce travail que les cristeles, dont l'Ouvrier coupe le bout, à mesure que les Mailles qui se défont le découvrent; par ce moyen cette opération devient très-facile.

Il est évident que quand cette premiere partie de la Lisse est défaite, elle est diminuée de moitié de sa hauteur; c'est pour pouvoir la remettre sur ce même Métier pour défaire le reste, à tel écartement qu'on le desire, qu'on a pratiqué des trous le long du montant *M*, *voyez Fig.* 8, *Pl.* 12, qui représente la partie supérieure de ce pied seulement; la *Fig.* 9, *même Planche*, le représente tout entier.

CHAPITRE CINQUIEME.

Explication des Planches concernant l'Art du Remiſſeur.

PLANCHE PREMIERE.

LA Planche premiere repréſente des Liſſes ſans proportions : on a été obligé d'en uſer ainſi pour abréger un grand nombre de Planches qui auroient rendu cet Ouvrage trop diſpendieux ; on a cherché néanmoins tous les moyens poſſibles pour rendre les Figures intelligibles.

La figure 1 repréſente une Liſſe, dont les Mailles ſont faites à crochet ; elle eſt placée ſur les liſſerons *C*, *D*, tels qu'on les prépare ordinairement pour les employer au travail, mais de laquelle les bouts *a*, *b*, *c*, *d*, des criſteles, ne ſont pas encore arrêtés ſur les liſſerons.

A, déſigne la partie ſupérieure des Mailles dont la Liſſe eſt compoſée.

B, déſigne la partie inférieure des mêmes Mailles.

La figure 2 eſt une Liſſe, dont les Mailles ſont faites à grand couliſſe ; elle eſt paſſée ſur les liſſerons, & les bouts *a*, *b*, *c*, *d*, du criſtele ne ſont point arrêtés ſur ces liſſerons, ainſi qu'on les y fixe ordinairement lorſqu'on veut ſe ſervir des Liſſes.

La figure 3 repréſente une Liſſe, dont les Mailles qui la compoſent ſont faites à nœud : elle eſt tendue ſur les liſſerons, de même que les deux précédentes. Ces trois Liſſes ne different abſolument entr'elles que par la jonction des parties de leurs Mailles, ainſi qu'on l'apperçoit : dans la premiere, les jonctions ſont toutes ſur la même ligne ; dans la ſeconde, elles ſont placées ſur deux lignes, & alternativement de Maille à Maille ; c'eſt-à-dire, que la jonction d'une Maille eſt plus haute que celle de l'autre ; en ſorte que cette différence de hauteur ſe trouve exactement ſur deux lignes ſeulement, dans toute la largeur d'une Liſſe : la troiſieme paroît avoir deux jonctions à chaque Maille ; mais il n'y en a qu'une qui eſt en *A* ; celle qu'on croit appercevoir en *B*, ſont des nœuds, pratiqués à chacune des Mailles, qu'on a ſoin de faire couler ſur une même ligne, de la maniere qu'on doit l'avoir vu dans le diſcours, & qu'on reconnoîtra dans une des Planches ſuivantes.

La figure 4 eſt une ligature ou Liſſe à jour, de laquelle les Mailles ſont à petit couliſſe ; elle eſt miſe ſur les liſſerons, de même que les trois Liſſes précédentes ; le petit couliſſe ne differe du grand, que parce que les jonctions des Mailles qui le compoſent ſont plus rapprochées.

La figure 5 repréſente une partie de Liſſe, dont les Mailles ſont faites à crochet.

La figure 6 est la partie d'une Liſſe, dont les mailles ſont faites à petit couliſſe.

La figure 7 eſt une partie de Liſſe, de laquelle les mailles ſont à grand couliſſe.

La figure 8 eſt auſſi une partie de Liſſe, qui a ſes mailles faites à nœud. Ces quatre dernieres figures ſervent à faire appercevoir par quel arrangement on arrête les mailles ſur les criſteles ; on n'a qu'à remarquer chacun de ceux d'une de ces figures, on trouvera que le fil qui forme les mailles les entoure par des eſpeces de nœuds-coulants, & des enlaſſements qui ſont deſſinés de maniere à pouvoir les parcourir d'un bout à l'autre de la Liſſe ; en ſorte que, commençant par le bout *e*, de chacune de ces quatre figures, on verra facilement que les mailles & les contours que le fil forme ſur le criſtele *a*, *b*, n'eſt que d'une ſeule longueur juſques au bout *b*, & que cette même longueur fait toutes les parties ſupérieures des mailles dont une Liſſe eſt composée ; il en eſt de même pour la partie inférieure, on n'a qu'à parcourir le fil, depuis le bout *c*, juſqu'à celui *d*, dans tous ſes contours, & l'on appercevra qu'il eſt auſſi d'une ſeule longueur.

Ces figures n'ont pas été repréſentées ſeulement pour démontrer que le fil, dont le côté d'une Liſſe eſt composé, doit être d'une ſeule longueur ; elles l'ont été auſſi, pour prouver qu'il n'y avoit aucune différence dans la conduite du fil entre les Liſſes dont les mailles ſont faites à crochet, & celles faites à petit couliſſe, à grand couliſſe, ou celles faites à nœuds.

La figure 9 repréſente une Liſſe pleine, placée ſur les liſſerons *A*, *B*, ſur leſquels les bouts *a*, *b*, *c*, *d*, des criſteles, ſont arrêtés dans l'ordre qu'il convient pour mettre la Liſſe en travail : on voit le fil *i*, *k*, qui entoure le criſtele ſupérieur, & celui *l*, *m*, eutoure le criſtele inférieur; ce ſont ces fils qui forment les *ſignaux* qui ſervent de guide au Remiſſeur pour l'aſſurer du nombre des mailles qu'il a faites, ſans être obligé de les compter une à une, parce que chaque contour du fil embraſſe un nombre de mailles égal à l'autre ; par ce moyen il n'a qu'à compter les ſignaux ſeulement pour ſavoir ce qu'il a fait d'une Liſſe, & ce qui lui en reſte à faire.

La figure 10 eſt un Métier à défaire les Liſſes lorſqu'elles ne peuvent plus ſervir, ou lorſque l'on veut du fil ou du couſi des unes, en reconſtruire d'autres.

PLANCHE II.

La figure 1 eſt une maille faite à crochet ; *A* en eſt la partie ſupérieure, & *B*, la partie inférieure : cette figure repréſente en même-temps la maniere de paſſer les fils d'une chaîne dans les mailles, pour que les Liſſes les faſſent mouvoir lorſqu'on veut fabriquer l'étoffe ; la ligne *F*, ſuppoſe un fil de la chaîne, paſſé à la jonction des deux parties de la maille, dont une le retient par-deſſus, & l'autre par-deſſous, ainſi qu'on le voit en *a* ; c'eſt ce qu'on appelle *fils paſſés* à *à crochet*; car c'eſt du nom de la maille que cette maniere de paſſer les fils tire le ſien.

La figure 2 eſt une maille à petit couliſſe; elle eſt compoſée de deux mailles à crochet; les jonctions des parties qui les compoſent ſont plus élevées l'une que l'autre, de façon à laiſſer une eſpace de trois lignes pour que le fil *F*, qui y eſt paſſé, ne ſoit aucunement gêné.

A, *C*, ſont les parties ſupérieures de cette maille; *B*, *D*, ſont les parties inférieures; *a*, *b*, indiquent les jonctions des deux mailles à crochet, dont celle à couliſſe eſt compoſée : c'eſt la diſtance qui ſe rencontre entre ces deux jonctions qui détermine la hauteur du couliſſe.

La figure 3 eſt une maille à grand couliſſe; elle differe de la précédente, en ce que les jonctions *a*, *b*, des parties qui compoſent les deux mailles à crochet, dont celle-ci eſt formée, ſont placées à une bien plus grande diſtance l'une de l'autre, & cela eſt ainſi pratiqué, afin que le fil *F*, qui eſt paſſé dans cet eſpace, puiſſe être mû librement.

Les Lettres *A*, *B*, *C*, *D*, & les chiffres 1 & 2, indiquent les mêmes parties que dans la figure précédente.

La figure 4 eſt une maille à nœud; elle rend à l'étoffe le même ſervice que les mailles à petit & à grand couliſſe; elle eſt diviſée en trois parties, à cauſe du nœud qu'on voit en *b*; mais les diviſions *A*, *E*, ſont formées avec le même fil, & celle *B*, ne tient aux autres que par un enlaſſement, comme on l'apperçoit en *a*; le fil *F*, qui eſt paſſé dans la diviſion *E*, eſt dans la même liberté que celui *F*, de la maille précédente; & ſi l'on rapproche le nœud *b*, ſur la jonction *a*, on fera faire à cette maille l'office de celle figure 2, qui eſt à petit couliſſe.

La figure 5 eſt une maille à crochet, ſemblable en tout à celle figure 1; mais elle a été repréſentée, à cauſe que le fil *F*, qu'elle fait mouvoir, n'eſt paſſé que dans la partie *A*; ce n'eſt donc que quant à ſon emploi qu'elle differe de l'autre; c'eſt ce qu'on appelle *fil paſſé par-deſſus*.

La figure 6 eſt encore une maille à crochet, conforme aux figures 1 & 5 : ce n'eſt auſſi que dans l'emploi qu'elle differe des deux autres, parce que le fil *F*, qu'elle contient eſt paſſé dans la diviſion *B* : on nomme cette façon de placer les fils, *paſſer par-deſſous*.

La figure 7 eſt une partie de Liſſe, dont les mailles ſont faites à crochet; elle eſt dépourvue de liſſerons & de criſteles; il ne lui reſte que les contours que le fil qui forme ces mailles, décrit ſur les uns & ſur les autres; en ſorte qu'en tirant le bout *c*, ou celui *d*, de la partie ſupérieure, on aura le fil qui la compoſe d'une ſeule longueur, ſans qu'aucun des contours puiſſe y former aucun nœud; il en arrivera de même ſi l'on tire le fil de la partie inférieure par le bout *e* ou par celui *f*; mais ſi l'on place le criſtele tel qu'il doit être dans les petits anneaux *a*, *a*, *a*, *a*, ou dans ceux *b*, *b*, *b*, *b*, que le fil forme, ces mailles s'y trouveront arrêtées, de la même façon que le font celles des parties de Lisses, figures 5, 6, 7 & 8 de la Planche premiere.

La figure 8 est une portion de Lisse, dont les mailles sont faites à petit coulisse ; elle est aussi dépourvue de lisserons & de cristeles, & en en tirant les bouts *c*, *d*, ou ceux *e*, *f*, on opérera le même effet qu'on vient de dire pour la figure 7, & on y trouvera le même ordre si on y place les cristeles & les lisserons de la maniere qu'on l'a expliqué.

La figure 9 est encore une portion de Lisse ; les mailles dont elle est composée sont à nœud ; elle est aussi comme les deux précédentes, dépourvue de cristeles & de lisserons: en étendant le fil de la partie supérieure par le bout *c*, ou par celui *d*, on obtiendra le même effet qu'on a déja détaillé sur les figures 7 & 8 ; mais il n'en sera pas de même si l'on veut étendre le fil de la partie inférieure par quelque bout qu'on le retire, parce qu'on verra former sur le fil autant de nœuds qu'il y aura de mailles, & cela à cause des divisions *A*, *A*, *A*, *A*, *A*, qui sont formées par les nœuds *g*, *g*, *g*, *g*, *g*, qui, en tirant le fil, ne manqueroient pas de se fermer, de maniere à ne pouvoir plus se servir du fil ; il reste dans les nœuds seulement le moyen de contre-passer le rochet sur lequel on devide ce fil, ce qui rend cette opération longue & ennuyeuse ; du reste cette portion de Lisse est aussi dans une telle disposition, que si l'on y plaçoit les cristeles & les lisserons, comme on l'a dit pour les deux figures précédentes, on assujettiroit le fil autant qu'il le faudroit pour la solidité d'une Lisse.

La figure 10 représente le Métier à faire les Lisses, duquel on se sert à Nîmes, à Avignon, & dans quelques autres Villes de Manufactures, pour les Etoffes de Soie & autres : il est vu en perspective, tout monté & prêt à travailler.

G, *H*, *I*, sont trois tringles de bois, placées dans les entailles des montants *F*, *F* ; elles servent de moule aux mailles.

K, est une navette, sur laquelle on devide du fil ou du cousi pour faire les Lisses : elle est sur le banc du Métier où on la laisse ordinairement, pour s'en servir au besoin ; elle est vue en proportion de la grandeur du banc.

L, est un rochet, au même usage que la navette.

La figure 11 est un Métier à faire les Lisses, vu en face par un bout, & dépourvu de ses tringles.

F, *F*, sont les deux montants qui tiennent les tringles qui servent de moule, pour déterminer la hauteur des mailles ; l'un d'eux est vu en face du côté de l'entaille dans laquelle on place les tringles, & garni de sa clavette *M*, qui le rend solide, en le tenant par-dessous le banc, & l'autre est vu du côté qui présente le trou qui reçoit la clavette.

M, est la clavette séparée de son montant.

Figure 13, *G*, *H*, *I*, séparés du banc, sont les trois tringles du Métier, vues par leur bout plus en grand que celles qui sont sur le Métier, afin qu'on puisse mieux appercevoir la forme qu'on doit donner à chacune.

K, *K*, hors du Métier, ſont deux figures qui repréſentent la navette en grand, l'une vue en face ſur ſon plat, & l'autre vue de côté ſur ſon épaiſſeur; elles ſont au même uſage que celle qui eſt ſur le Métier.

Fig. 14, *L*, eſt un rochet, vu en grand; mais au même uſage que celui qui eſt vu en petit ſur le Métier.

La figure 12 eſt le petit clocher qui ſert à tenir élevée la ficelle qui forme le criſtele aux Liſſes, pour faciliter le paſſage de la navette quand le Remiſſeur travaille.

PLANCHE III.

A, eſt la Planche qui forme le deſſus du banc du Métier à faire les Liſſes, qu'on vient de voir dans l'explication de la figure 10 de la Planche ſeconde.

G, eſt la tringle ſupérieure des trois, qui ſervent de moule aux mailles des Liſſes qu'on fait au Métier que je viens d'expliquer.

H, la tringle du milieu, du même moule.

I, la tringle inférieure.

La figure 1 eſt le Métier dont on ſe ſert à Paris pour faire les Liſſes : il eſt vu en perſpective, tout monté, & tel qu'on le diſpoſe pour travailler; c'eſt ſur les tringles *G*, *H*, *I*, qu'on place le fil ou le couſi, dont on fait les mailles d'une Liſſe, enſorte que ces trois tringles en déterminent la hauteur.

Développement de cette Figure.

Figure 2, ſont deux des quatre montants *E*, *E*, *E*; *E*, vus en perſpective hors du banc du Métier, dépourvus de la traverſe *F*, & aſſemblés par le bas au moyen de la clavette *L*, qui rend ces montants ſolides lorſqu'ils ſont placés ſur le banc du Métier.

E, *E*, ſont les deux montants dont il vient d'être parlé, dont un vu en perſpective, & l'autre vu en face du côté du trou qui reçoit la clavette.

F, *F*, ſont les deux traverſes qu'on fixe à l'extrémité des montants *E*, *E*, *E*, *E*, dans la rainure deſquelles on place les trois tringles qui ſervent de moule aux mailles des Liſſes.

G eſt une des trois tringles qui déterminent la hauteur des mailles; elle eſt ſemblable à celle *H*.

I eſt la troiſieme de ces tringles; celle-ci n'eſt employée que lorſqu'on fait les mailles à grand couliſſe; les deux autres ſuffiſent pour faire les mailles à crochet & celles à nœud.

Figure 3, eſt le Métier à faire les Liſſes, vu en face par un de ſes bouts.

La figure 4 eſt une coupe du même Métier, vue intérieurement & en face.

PLANCHE IV.

La figure 1 repréſente un Métier à faire des Liſſes, duquel on ſe ſert à Rouen, à Tours, &c. il eſt vu en perſpective, dépourvu des tringles, qui ſervent de moule aux mailles.

Développement de cette Figure.

FIGURE 2 eſt un aſſemblage des montants *D*, *E* avec les tringles *F*, *G*; ſur leſquelles on fait les mailles des Liſſes: ces mêmes tringles, par leur écartement, en déterminent la hauteur. Cet aſſemblage eſt vu hors du banc du Métier, mais tel qu'il doit y être lorſqu'on veut faire une Liſſe : on apperçoit en *H* le petit clocher, placé ſur le montant *E*, & ſur la poulie duquel paſſe la ficelle qui ſert de criſtele à la partie de la Liſſe qu'on fait.

A, eſt la Planche qui forme le banc du Métier; elle eſt vue par-deſſus, garnie des tringles qui font un rebord d'un pouce tout autour.

D, un des deux montants qui portent les tringles *F*, *G*, vu par le côté.

E, le ſecond de ces montants, vu par derriere, garni de ſa clavette *I*, qui le rend ſolide lorſqu'il eſt planté ſur le banc du Métier.

F, eſt une des deux tringles qui déterminent la hauteur des Liſſes.

G, eſt la ſeconde de ces deux tringles.

H, eſt le petit clocher, vu en face, dépourvu de ſa poulie.

I, *I*, ſont les deux clavettes qui retiennent chacune un des montants *D*, *E*; en-deſſous du banc du Métier.

Figure 3, une coupe du Métier, vue en face intérieurement, où l'on apperçoit en plein la rainure *a*, du montant *D*, dans laquelle on place les tringles *F*, *G*, par un de leurs bouts, lorſqu'on veut fabriquer une Liſſe.

Figure 4, le bout du banc, vu en face du côté du montant *E*, à l'extrémité duquel on voit la rainure *b*, qui reçoit le tenon du petit clocher *H*, lorſqu'on prépare le Métier au travail.

La figure 5 repréſente un guindre propre & aſſez fort pour devider le fil & le couſi qu'on emploie à la conſtruction des Liſſes.

Développement de cette Figure.

LA figure 6 eſt la baſe de ce guindre : on voit en *A*, *A*, *A*, *A*, les quatre aîles où ſont placées les poupées *F*, *F*, *F*, *F*; deux de ces aîles ſont démanchées de la petite Planche *B*, où toutes les quatre doivent être aſſemblées & tenir ſolidement.

C, eſt la petite Planche qui forme le couronnement du guindre.

D,

D, *D*, *D*, *D*, ſont les quatre petites tringles de bois qui aſſemblent le couronnement du guindre à ſa baſe, &en forment une eſpece de cage.

Figure 7, eſt la petite noix qu'on place dans le trou quarré qui eſt pratiqué au milieu de la Planche *C*, comme on le voit en *a*, ſur la figure 5 ; cette noix eſt pointue en *c*.

Figure 8, eſt une des quatre poupées *F*, *F*, *F*, *F*, qui ſont plantées aux quatre aîles du guindre, leſquelles tiennent l'écheveau de fil *G*, dans un écartement & dans une tenſion néceſſaires pour le devider facilement. Cette poupée eſt vue hors de l'aîle du guindre qu'elle doit occuper.

La figure 9 eſt un petit Rouet, propre à devider le fil ou le couſi ſur une navette.

Le développement de cette figure eſt dans la Planche ſuivante.

PLANCHE V.

Développement du Rouet, figure 9, de la Planche 4.

La Figure 1, repréſente le même Rouet, qu'on vient de voir dans l'explication de la Planche précédente ; il eſt ici vu en face par un de ſes bouts, afin de mieux appercevoir la poſition de la navette *D*, de la manivelle *E*, & de l'axe *a*.

La figure 2 eſt une navette, ſur laquelle on devide le fil ou le couſi pour la conſtruction des Liſſes ; elle eſt vue en grand, afin qu'on apperçoive plus facilement le trou *b*, par où l'on paſſe l'arbre, qui lui ſert d'axe, pour la faire tourner lorſqu'on veut devider.

La Figure 3, eſt l'axe, au moyen duquel on fait tourner la navette pour devider deſſus le fil ou le couſi qu'on emploie pour les Liſſes. Il eſt garni de ſa manivelle *E*.

La figure 4 eſt une tringle, plantée dans une piece de bois, ou dans une pierre qui lui ſert de baſe pour la tenir debout, comme un pied de tête à perruque : cette tringle ſert d'axe aux guindres lorſqu'on devide.

La figure 5 eſt un guindre hexagone, au même uſage que celui figure 5 de la Planche précédente ; il a ſix aîles, au lieu que l'autre n'en a que quatre ; à cela près ſa conſtruction eſt dans le même goût ; mais avec celui-ci on doit devider plus commodément. Ce guindre eſt vu travaillant, porté ſur ſon axe *A*, & garni d'un écheveau *B*, retenu par les poupées *C*, *C*, *C*, *C*, *C*, *C*, dans l'écartement & dans une tenſion néceſſaires au devidage.

Figure 6, eſt un guindre pareil à celui dont je viens de paler ; il eſt vu géométralement, & garni d'un écheveau de fil.

Figure 7, eſt un Rouet avec lequel les Remiſſeurs devident le fil & le couſi qu'ils employent pour faire les Liſſes, lorſqu'en place d'une navette ils ſe ſervent d'un rochet.

Developpement de cette Figure.

A, eſt la Planche qui forme le banc du Rouet.

B, *B*, *B*, *B*, ſont les quatre pieds du banc.

C, eſt un des deux montants, vu en face de côté, & hors du banc, garni de ſa clavette *N*.

D, le ſecond montant, vu en perſpective hors du banc.

E, la traverſe qui aſſemble par le haut les deux montants C, *D*.

F, l'arbre qui ſert d'axe à la roue *H*; il eſt vu hors des montants & de la roue, & dépourvu de ſa manivelle.

G, le moyeu de la roue *H*, vu ſéparément, dépourvu de ſes rayons.

H, la roue à claire-voie, vue géométralement, garnie de ſes ſix rayons & de ſon moyeu.

K, la broche de fer, ſur laquelle on place le rochet lorſqu'on veut devider du fil ou du couſi : elle eſt vue hors du rouet, & ſéparée de ſa poulie.

L, la poulie qu'on place ſur la broche *K*, dans la rainure de laquelle paſſe la liſierē ſans fin, que la roue *H* fait marcher, & qui fait tourner la broche; cette poulie eſt ici vue hors du rouet, & ſéparée de ſa broche.

M, les deux pieces qui compoſent la manivelle, au moyen de laquelle on tourne le rouet: ces deux pieces ſont vues ſéparées l'une de l'autre.

N, une des deux clavettes, qui tiennent ſolides en-deſſous du banc du rouet les deux montants *C*, *D*.

b, *b*, les deux crapaudines, dans les trous deſquelles poſent les pointes de la broche *K*.

PLANCHE VI.

LA figure 1 repréſente le Métier à faire des Liſſes, dont on ſe ſert à Nîmes, à Avignon, & dans quelques autres Villes; c'eſt le Métier qui eſt décrit dans la premiere Section du deuxieme Chapitre de ce Traité, & qui eſt repréſenté dans la Planche deuxieme, par la figure 10, tout monté : mais ici on apperçoit le Liſſeur qui tient dans ſa main droite une navette *h*, garnie du fil *g*, qu'il déroule, de maniere à envelopper les tringles *A*, *B*, *C*, pour former la premiere maille : le fil *g*, eſt attaché par ſon bout à la ficelle *F*, qui ſert de criſtele à la Liſſe qu'on va faire; cette ficelle eſt tendue, au moyen du contre-poids *f*, & paſſe ſur la poulie *e*, du petit clocher *B*.

La main gauche du Liſſeur eſt enveloppée par le fil, dont elle forme une grande boucle, dans laquelle il doit faire paſſer la navette pour faire le premier enlaſſement & fixer les mailles ſur le criſtele.

La figure 2 eſt une partie de Métier, ſur lequel eſt repréſentée l'action du Remiſſeur, lorſqu'il a paſſé la navette dans la boucle qu'il a formée avec le fil, &

dans laquelle il avoit passé sa main gauche : on voit par la suite de cette opération qu'il a fait passer la navette dans cette boucle, & qu'après avoir retiré sa main gauche, c'est le fil lui-même qui est passé dans cette boucle ; & l'attitude du bras *A*, fait voir qu'il tend le fil avec une certaine force, & serre la maille autant qu'il est convenable : on voit par cette figure que le Lisseur leve le bras gauche en tenant à pleine main la navette, & fait former un angle droit à la jonction du fil *a*, avec le cristele *b*.

La figure 3 représente un Métier sur lequel se fait le nœud-coulant, qui sert à arrêter solidement la maille : on n'a qu'à suivre le fil dans ses révolutions, on trouvera qu'il est arrêté une fois entre lui-même & le cristele, & qu'ensuite on a passé la navette sous le cristele *A* ; que par une distance combinée on a laissé une espece de boucle *a*, dans laquelle on a passé la navette *o*, en lui faisant faire un tour sur le cristele, ce qui forme un nœud-coulant, qu'on voit en *b* : il ne reste plus qu'à serrer ce nœud sur le cristele *A* ; & bien-tôt il se fixera au point *c*, à côté de celui qui forme la maille *e*.

La figure 4 est la moitié d'une Lisse, placée sur un lisseron *A*, & prête à être mise sur le Métier pour en faire l'autre moitié. Les deux bouts *a*, *a*, du cristele sont arrêtés solidement sur le lisseron, afin de faciliter à l'Aide du Remisseur, le choix des mailles.

La figure 5 est une maille à crochet, qui est représentée dans une position à prouver, que toutes celles d'une Lisse auroient leurs parties supérieures ou leurs parties inférieures, croisées comme on le voit en *A*, si l'Aide n'étoit pas attentif à donner les mailles dans un sens convenable.

La figure 6 est ce qu'on appelle *le grand coulisseur ou le grand chevalet* ; il est vu dans sa grandeur naturelle ; *A*, *B*, sont les deux cordes qui servent à l'attacher au Métier, comme on le verra en *A*, *Fig. 6*, *Pl. 7*.

La figure 7 est le petit chevalet ou le petit coulisseur ; *A*, *B*, sont les cordes avec lesquelles on le fixe au Métier, lorsqu'on veut faire des Lisses, dont les mailles soient à petit coulisse, on l'attache de même que le grand coulisseur : l'un ou l'autre sont ordinairement employés, lorsqu'avec le Métier, dont il est ici question, on veut faire des mailles à petit ou à grand coulisse.

PLANCHE VII.

LA figure 1 est le même Métier dont on vient de parler dans la Planche précédente ; il est ici représenté dans le moment où l'on fait la seconde partie d'une Lisse. On voit un Aide *A*, qui tient avec ses deux mains une maille *a*, *b*, ouverte, de maniere que le Remisseur va passer dans cette maille *c*, la navette qu'il tient à la main, afin de former tout de suite l'autre partie de la maille. Il en use de même à toutes les mailles, qu'on doit lui présenter avec beaucoup de précaution jusqu'à la derniere.

La figure 2 eſt un ſupplément à la figure 1, parce qu'on a craint de ne pas donner aſſez de clarté à l'opération : *A*, *B*, repréſentent les bras de la perſonne qui donne les mailles au Remiſſeur ; on apperçoit que la main gauche tient à poignée une quantité de mailles, que les quatre doigts de cette main ſont paſſés dans la même ouverture que le liſſeron *c*, & que le pouce, en dégageant les mailles qu'on a choiſies avec la main droite, retient en même-temps celles qui ne doivent pas encore être préſentées ; par ce moyen on eſt aſſuré de ſuivre exactement l'ordre & l'ouverture des mailles, obſervant ſcrupuleuſement de ne point faire paſſer les unes devant les autres.

La figure 3 eſt une Liſſe, finie & attachée à quatre endroits par les bouts *a*, *b*, *c*, *d*, des deux criſteles : on prend cette précaution afin que les mailles ne s'entremêlent pas, & pour éviter qu'elles ne s'accrochent à quelqu'endroit, on les tord ſur elles-mêmes.

La figure 4 eſt une Liſſe finie, attachée comme la précédente, & dont les mailles ſont tordues ſur elles-mêmes, comme il vient d'être dit.

La figure 5 repréſente quatre Liſſes préparées, comme on vient de le dire, enfilées dans la corde *A*, & ſuſpendues à une cheville *B*, ſuppoſée plantée dans le mur.

Ces quatre Liſſes ſuppoſent un Remiſſe fini.

La figure 6 repréſente encore le même Métier à faire des Liſſes, ſur lequel on en a commencé une, dont les mailles doivent être à grand couliſſe ; ce grand couliſſe eſt déterminé par le grand couliſſeur *A*, qui eſt attaché au Métier par les cordes *E*, *E*, qui ſont paſſées dans les trous *a*, *a*, du couliſſeur, & qui embraſſent les tringles *B*, *C*, *D*.

La figure 7 eſt un Métier, ſur lequel on a commencé de faire une Liſſe, dont les mailles ſont à petit couliſſe : ici au lieu du petit couliſſeur on ſe ſert d'une corde *E*, qui eſt paſſée dans les trous *b*, *b*, des montants *F*, *G*.

La figure 8 eſt encore le même Métier, ſur lequel on fait une Liſſe, dont les mailles ſont à grand couliſſe : ici à la place du grand couliſſeur on emploie la tringle de fer *M*, qui eſt paſſée dans les trous *a*, *a*, des montants *F*, *G*.

La fig. 9 eſt un Métier diſpoſé pour faire les Liſſes à nœud : en parcourant les révolutions du fil, qui eſt conduit par la navette *A*, on apperçoit facilement de quelle maniere on parvient à former un nœud à chaque maille. Toutes les parties des mailles qui ſont ſur le Métier ont leur nœud formé entre la tringle *B* & *C*. Pour mieux donner à connoître la marche qu'on fait tenir à la navette pour former ce nœud, il faut voir les cinq figures ſuivantes, & l'on appercevra les différents mouvements qu'il faut faire néceſſairement pour atteindre au but propoſé.

La figure 10 donne la premiere action, qui eſt de former une boucle *F*, avec le fil *D*, & d'avoir paſſé le fil dans la maille *E*.

La

La figure 11 représente la seconde action ; elle a de plus que la précédente, d'avoir fait passer le fil *D*, derriere la tringle C.

La figure 12 est la troisieme action ; elle a de plus que la derniere, le fil *D*, passé entre les tringles *B*, *C*.

La figure 13 est la quatrieme action ; elle consiste à faire passer la navette *A*, de maniere que la partie du fil *D*, croise sur la partie *G*, de la maille commencée.

La figure 14 représente la derniere action qui forme le nœud : on passe la navette *A*, derriere la partie du fil *G*, & devant celle *H*, & tout d'un trait dans la boucle *F*, formée par la partie du fil *D* ; de façon qu'il n'y a plus qu'à tendre le fil, & la maille se trouvera formée comme celle *D*, *figure 9* ; & faisant tout de suite le nœud d'enlassement qu'on voit en *a*, *b*, *fig.* 3, *pl.* 6, on obtiendra une maille, telle que le sont les autres qui sont sur le même Métier, figure 9 de cette Planche.

PLANCHE VIII.

La figure 1 représente un Remisseur faisant la premiere partie d'une Lisse, dont les mailles seront faites à crochet, sur un Métier, tel que ceux dont on se sert à Paris, &c. Il se sert d'un rochet *E*, au lieu d'une navette ; on voit en *F*, une partie de la Lisse, faite sur le cristele *A*, passée sur la poulie *c*, du clocher *d*, & il est tendu par le secours du contre-poids *b* ; c'est la disposition ordinaire qu'on donne à ce Métier lorsqu'on veut fabriquer les Lisses.

La figure 2 est un Métier, pareil à celui qu'on a vu dans la figure précédente ; il est disposé pour faire des mailles à grand coulisse : on apperçoit par les mailles 1, 3, 5 & 7, que les tringles *A*, *B*, forment les parties des mailles les plus courtes ; & par les mailles 2, 4, 6 & 8, on voit que c'est la tringle *A*, & celle *C*, qui reglent la hauteur des grandes parties des mailles.

PLANCHE IX.

LA figure 1 est encore un Métier, comme ceux qu'on a vus dans la Planche précédente ; il est ici représenté dans l'instant du travail, où le Remisseur *D*, avec son Aide *E*, font la seconde partie d'une Lisse. Ils suivent la même regle qui a été établie pour les autres Métiers.

La figure 2 est un Métier de la même forme du précédent ; il est dans la disposition qu'on lui donne pour faire les Lisses dont les mailles sont faites à nœud. On voit huit mailles, dont les nœuds sont formés entre la tringle *A*, & celle *B* : pour parvenir à former ces nœuds, il faut suivre la même marche qu'on a expliquée, par rapport aux figures 10, 11, 12, 13 & 14 de la septieme Planche : ces opérations ne different que quant à la situation du Métier ; du reste elles sont en tout semblables.

On doit se souvenir qu'il n'y a qu'une des deux parties des mailles d'une Lisse qui ayent des nœuds, l'autre partie est faite comme les mailles à crochet; c'est ce qui est représenté par la partie des mailles qui est enfilée par la tringle C.

PLANCHE X.

La figure 1 est un Métier, tel que ceux dont on se sert à Rouen, à Tours, & dans quelques autres Villes, pour faire les Lisses. On voit ici le Remisseur qui tient dans sa main droite la navette, & serre le fil entre les doigts de sa main gauche, afin de tendre la maille ou le nœud-coulant qu'il vient de former; la disposition des tringles *A*, *B*, est telle qu'il la faut pour faire les Lisses, dont les mailles sont faites à crochet; on apperçoit en *c* une partie de Lisse déja formée. L'autre côté de la Lisse se fait de même qu'au Métier qu'on emploie à Nîmes, &c.

La figure 2 représente un Métier semblable au précédent, disposé pour faire la seconde partie d'une Lisse, dont les mailles doivent être à grand coulisse. On apperçoit par les dix mailles qui sont entiérement formées sur ce Métier, que lorsqu'on a fait les demi-mailles sur les tringles *A*, *B*, *C*, on a eu la précaution de prendre sur la tringle *E*, une maille courte; & lorsqu'on a fait une demi-maille sur les tringles *A*, *B*, seulement, on a eu soin de prendre une grande maille sur la tringle *E*, & qu'on a eu cette attention à toutes les mailles, ainsi qu'on doit l'avoir, tant pour les mailles à grand coulisse, que pour celles à petit coulisse.

La figure 3 est le même Métier encore; mais il est disposé de maniere à faire le côté des Lisses, dont les mailles sont faites à nœud. Les opérations sont ici les mêmes que pour tous les autres Métiers; ainsi on n'a qu'à les voir détaillées dans l'explication des figures 10, 11, 12, 13 & 14 de la septieme Planche.

La figure 4 représente les moyens de mettre tous les nœuds d'une Lisse sur une même ligne; cette opération se fait en rapprochant les deux baguettes *A*, *B*, l'une de l'autre, ce qui fait couler les nœuds à telle hauteur de la Lisse où l'on desire les placer; on use de deux baguettes lorsqu'on veut se servir des Lisses à nœud, à la place de celles à grand coulisse.

La figure 5 donne le moyen de mettre les mailles à nœud, au point de s'en servir comme de celles à petit coulisse; ce qui se fait en serrant la baguette *C* proche la tringle *B*, autant qu'il le faut pour ne laisser entre la jonction des mailles & les nœuds, pas plus d'espace qu'on n'en donne à l'ouverture du petit coulisse; on voit par cette figure, la précaution qu'on prend de passer un fil ou une ficelle *E*, pour tenir toutes les ouvertures des nœuds dans une position convenable, & nécessaire pour faciliter le passage des fils de la chaîne qu'ils doivent recevoir.

PLANCHE XI.

CETTE Planche contient tous les moyens de faire les ligatures ou les Lisses à jour, & donne une idée générale pour faire toutes celles qu'on peut employer à quelques desseins que ce soit, par le secours de cette sorte de Lisse.

La figure 1 représente un échantillon de taffetas, qui porte un dessein qu'on peut exécuter par le secours des Lisses à jour ou ligatures ; cet échantillon est ici représenté dans un quart de sa grandeur naturelle, en sorte qu'il devroit être de 7 pouces 4 lignes de longueur, tandis qu'il n'a que 3 pouces & 8 lignes ; ce qui donne positivement la moitié de sa largeur : il n'a que 14 lignes de hauteur, & devroit en avoir 28, ce qui lui ôte la moitié de sa hauteur ; ainsi ayant supprimé la moitié de sa largeur & la moitié de sa hauteur, il ne reste qu'au quart de ce qu'il seroit s'il étoit dans son entier : on a réduit en conséquence l'effet du dessein, sans en supprimer aucune partie ; il est donc en proportion de l'étoffe. On a fait cette réduction, parce qu'il auroit fallu une Planche de gravure trois fois aussi grande que celle où le dessein est représenté : on a jugé qu'il convenoit mieux de priver le Lecteur du plaisir de voir les objets, tels qu'ils doivent être représentés, que de le constituer dans de grands frais.

Cette Planche néanmoins contient tout ce qui est nécessaire pour faire les Lisses, propres à exécuter le dessein qu'on a mis sous les yeux du Lecteur.

Ce dessein doit être répété trois fois dans la largeur de l'étoffe ; il faut nécessairement pour l'exécuter dix Lisses à jour : chacune des bandes numérotées qui sont dans cette Planche, sert à la construction d'une de ces Lisses ; de maniere qu'on fait sur chaque Lisse autant de divisions qu'il y en a de marquées en noir sur chaque bande ; & au même endroit où ces marques sont placées, on a soin de faire sur chaque marque autant de mailles à petit coulisse, que le nombre des chiffres qui sont placés au-dessous l'indique ; en sorte que la bande, N°. 1, contient sur sa longueur 22 divisions ; la Lisse à laquelle elle doit servir de guide, aura 22 divisions ; elle contient en totalité un nombre de 156 mailles ; la Lisse aura donc de même 156 mailles.

La bande, N°. 2, a 6 divisions & 36 mailles, la Lisse aura 6 divisions & 36 mailles ; par la même raison la troisieme Lisse aura 12 divisions & 188 mailles ; la quatrieme aura 12 divisions & 108 mailles ; la cinquieme aura 6 divisions & 72 mailles ; la sixieme aura 3 divisions & 24 mailles ; la septieme aura 6 divisions & 48 mailles ; la huitieme aura 12 divisions 96 mailles ; la neuvieme aura 12 divisions & 144 mailles ; enfin la dixieme aura 6 divisions & 96 mailles ; en sorte qu'en total il y aura 97 divisions & 968 mailles.

Les figures 2, 3 & 4 vont donner encore une plus grande intelligence.

La figure 2 eſt une Liſſe à jour, faite ſur la marque N°. 1 ; on y compte 22 diviſions, comme ſur la bande : on apperçoit que ſi l'on n'avoit pas réduit encore en bien plus petit eſpace ces Liſſes, on auroit été obligé de faire autant de Planches de gravure de plus qu'il y a de bandes ; ainſi ces Liſſes ſont réduites à un pouce & demi par pied, eu égard à la grandeur qu'elles doivent avoir ; conſéquemment la grandeur des diviſions, & celle des intervalles qui les ſéparent, ſont en même proportion : cette Liſſe doit avoir en total 156 mailles.

La figure 3 eſt une Liſſe faite ſur la marque N°. 6 ; elle n'a que trois diviſions ; en la comparant à la ſixieme bande, on trouvera qu'elle n'en doit pas avoir davantage, & qu'en tout elle doit avoir 24 mailles.

La figure 4 eſt une Liſſe, faite ſur la marque N°. 10 ; elle a ſix diviſions, de même que la bande qui lui ſert de guide, & elle doit avoir en tout 96 mailles.

On a cru que ces trois Liſſes étoit ſuffiſantes pour faire comprendre comment les autres ſeroient traitées, parce qu'en voyant les marques, on voit les diviſions, & le nombre de mailles qu'elles contiennent.

Les bandes, dans leur grandeur naturelle, ſeront toutes de 22 pouces de longueur ; mais elles ſont réduites à moitié ; de telle maniere, qu'elles ont de longueur trois fois juſte celle de l'échantillon, *figure premiere* ; par conſéquent elles ont chacune 11 pouces, tandis que dans la grandeur naturelle elles devroient avoir 22 pouces, qui eſt la largeur de l'étoffe, dont l'échantillon eſt ici repréſenté, ce qui fait demi-aune.

PLANCHE XII.

La figure 1 eſt une maille de fil qui paſſe haut & bas dans les trous extrêmes d'un maillon de verre ; cette maille eſt telle que le ſont celles d'une Liſſe à maillon, faite pour faire mouvoir les fils d'une chaîne en or ou en argent.

La figure 2 eſt un maillon de verre, vu trois fois plus grand que ne le ſont ceux qu'on emploie ordinairement pour les Liſſes à maillons, qui ſervent aux poils ou chaînes en or, &c.

La figure 3 eſt une maille à maillon, au même uſage que la précédente ; on voit en *f*, la maniere avec laquelle ſont paſſés les fils d'or que ces mailles font mouvoir.

La figure 4 eſt un rochet dont on ſe ſert comme d'une navette pour faire les Liſſes ; il eſt chargé de fil ; avec le bout de ce fil on a enfilé une certaine quantité de petits maillons, propres à faire une Liſſe à maillons pour les chaînes en or ; & quand le nombre de ces maillons eſt fini, on arrête le fil, on le coupe, & on enfile de nouveau une autre quantité de maillons : ces maillons ſont à peu près de la grandeur qu'on les emploie ordinairement ; le fil qui les enfile eſt auſſi de la la groſſeur qu'il le faut, il n'y a que le rochet qui eſt repréſenté un peu plus de la moitié moins gros qu'il ne devroit l'être.

Les maillons ſont ainſi enfilés, pour qu'en fabriquant le premier côté de la Liſſe on ait ſoin d'en faire couler un à chaque maille.

La figure 5 eſt un Métier à faire des Liſſes, ſur lequel on a commencé de faire le premier côté d'une Liſſe à maillon; on apperçoit que toutes les mailles qui ſont déja faites, enfilent chacune un maillon : tel eſt le ſoin qu'on doit avoir tout le long de la Liſſe; c'eſt-à-dire, qu'il y en ait un à chaque maille.

La figure 6 eſt un Métier, ſemblable au précédent, ſur lequel on fait la ſeconde partie d'une Liſſe à maillon; on apperçoit que toutes les mailles de la partie de la Liſſe, qui eſt placée ſur le liſſeron *A*, ſont pourvues d'un maillon, & qu'on a eu ſoin en faiſant l'autre partie de la Liſſe, d'enfiler tous les maillons; en ſorte que chaque partie haute & baſſe des mailles tienne à un maillon; cette précaution doit être continuée juſques à la fin tant qu'il y aura des mailles à faire.

La figure 7 eſt une Liſſe à maillon dans l'ordre des Liſſes pleines; elle eſt dans l'état où elles ſont ordinairement quand on les prépare pour les mettre en œuvre.

La figure 8 eſt un Métier à défaire les Liſſes; il eſt vu ici avec une partie d'une Liſſe ſeulement, ce qui ſuppoſe que l'autre partie eſt déja devidée; on apperçoit qu'on eſt après à tirer le fil & le mettre ſur un rochet *A*, qui eſt au bout d'une broche de fer *B*, que celui qui devide fait tourner dans ſa main droite *C*, & avec la main gauche *E*, il conduit le bout du fil ſur le rochet, afin qu'il s'y roule à propos.

La figure 9 eſt le Métier à défaire, vu ſans travailler; il eſt garni de ſes deux chevilles *A*, *A*, plantées dans le montant *B*; ce montant tient debout ſur ſon pied *D*, qui ſont deux pieces de bois entaillées, & placées en croix l'une dans l'autre, qui lui ſervent de baſe; les petites chevilles *c*, *c*, ſont pour tenir les bouts des criſteles des Liſſes qu'on place ſur les chevilles *A*, *A*, lorſqu'on les veut défaire.

Fin de l'Explication des Planches.

TABLE
DES CHAPITRES ET TITRES
DE L'ART
DU FABRIQUANT DÉTOFFES DE SOIE.

CINQUIEME PARTIE.

Fin de la Table de la cinquieme Partie.

EXTRAIT DES REGISTRES
DE L'ACADÉMIE ROYALE DES SCIENCES.

Du 22 Janvier 1774.

NOUS avons examiné, par ordre de l'Académie, l'Art du *Remiſſeur*, ou *du Faiſeur de Liſſes*, pour les Etoffes de Soie, par M. PAULET.

Les Liſſes ſont des aſſemblages de fils, au moyen deſquels on parvient à élever une partie de la *chaîne* d'une étoffe dans tel ordre qu'on veut, pour introduire dans l'écartement le fil de la *trame* qui doit s'y incorporer : & on appelle *Remiſſes* dans pluſieurs Villes de Manufactures, le ſyſtême de pluſieurs Liſſes, néceſſaires pour un certain objet.

M. Paulet, qui a entrepris, avec l'agrément de l'Académie, de traiter dans le plus grand détail de la fabrication des Etoffes en Soie, a cru devoir traiter en particulier ce qui concerne le choix & l'emploi des Liſſes, & la maniere de les faire.

Il a diviſé ce Traité en quatre Chapitres, précédés d'une Introduction.

Il diſcute dans l'Introduction les qualités & les groſſeurs du Fil & de la *Soie* de *Remiſſe* que l'on peut employer dans les différents cas.

Dans le premier Chapitre il donne une deſcription détaillée des *Liſſes pleines*, des différentes ſortes de *Liſſes à jour*, & de leurs différentes eſpeces de *Mailles*; ſavoir, les *Mailles à crochet*, les Mailles à *petit* ou à *grand couliſſe* & les Mailles à *nœud* : dans chaque Section de ce Chapitre, l'Auteur a ſoin de diſcuter les avantages & les inconvénients des différentes pratiques.

Le Chapitre deuxieme renferme la deſcription des meilleurs Métiers dont on ſe ſert pour faire les *Liſſes*, & eſt terminé par des obſervations ſur le devidage du fil de Liſſe ou *de la Soie de Remiſſe*, & ſur les différents devidoirs qu'on y emploie.

Le Chapitre troiſieme traite de la maniere de faire les *Liſſes*; il contient la deſcription des différentes opérations de l'Ouvrier, dans les différents cas. Le developpement de ces opérations dans les figures, jointes à l'Ouvrage, donne à cette deſcription toute la netteté néceſſaire.

Enfin, dans le quatrieme Chapitre, on trouve les Inſtructions néceſſaires ſur la maniere de diſpoſer les intervalles dans les Liſſes à jour, & le nombre de ces Liſſes, de façon à les faire cadrer exactement, avec un échantillon ou un deſſein déterminé, en évitant les doubles emplois.

L'Auteur applique ſes remarques à ce ſujet, à un exemple qui exige dix *Liſſes*, & il le traite avec un détail qui doit mettre à portée de ſe diriger d'une maniere ſemblable dans tout autre cas.

Ce Traité nous paroît mériter d'être imprimé, avec l'Approbation de l'Académie, & comme faiſant partie de la deſcription des Arts qu'elle a entrepris de publier. *Signés*, DE MONTIGNY, DE VAUCANSON & VANDERMONDE.

Je certifie l'Extrait ci-deſſus, conforme à ſon original, & au jugement de l'Académie. A Paris, le 23 Janvier 1774.

GRANDJEAN DE FOUCHY,
Secrétaire perpétuel de l'Académie Royale des Sciences.

DE L'IMPRIMERIE DE L. F. DELATOUR. 1774.

L'ART DE FAIRE LES REMISSES POUR LES ETOFFES DE SOIE. Pl. 1.

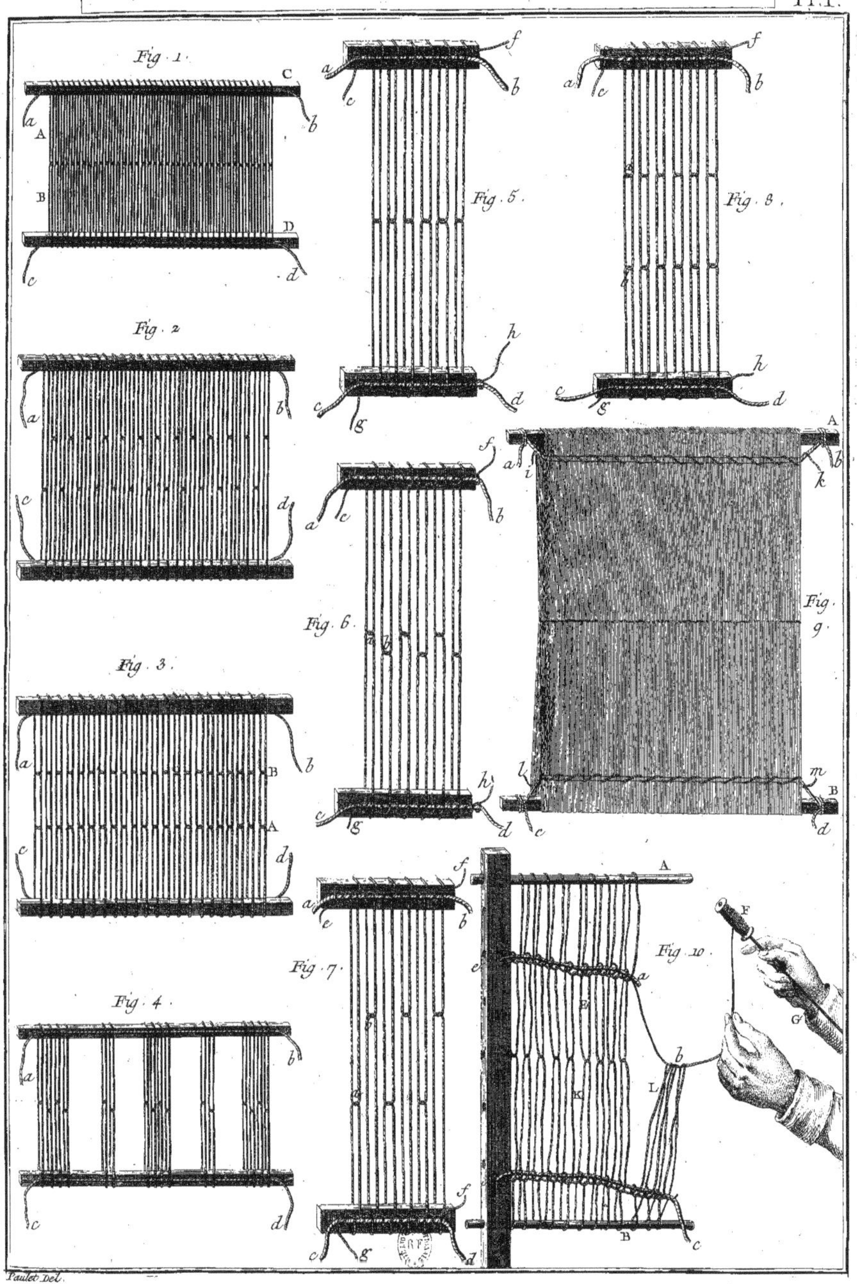

Paulet Del.

L'ART DE FAIRE LES REMISSES POUR LES ETOFFES DE SOIE.

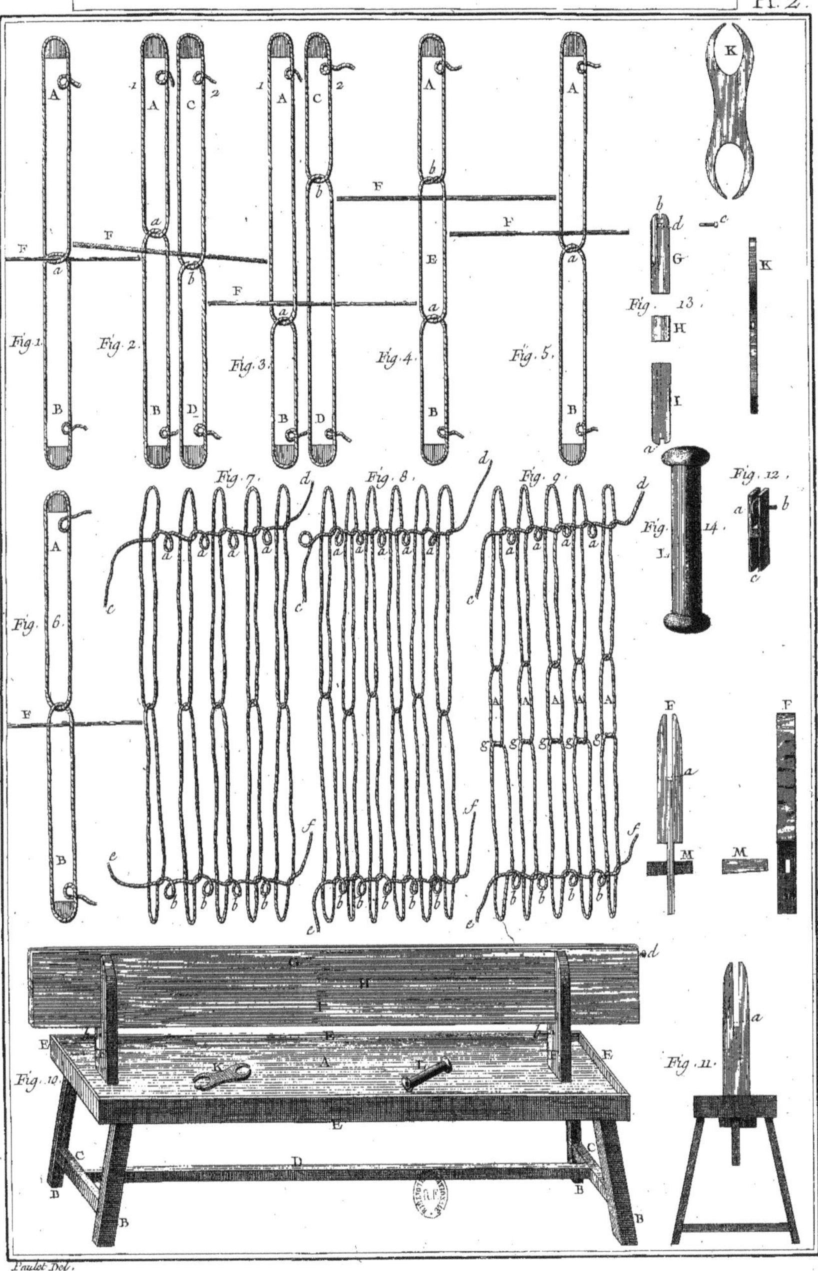

A
G
H
I
G
a
a
a
a
a
a
F
F
H
I
Fig. 1.
E
E
E
E
K
K
B
C
D
D
B
B
C
B
B
G
F
F
I
Fig. 2.
Fig. 3.
Fig. 4.
E
L
E

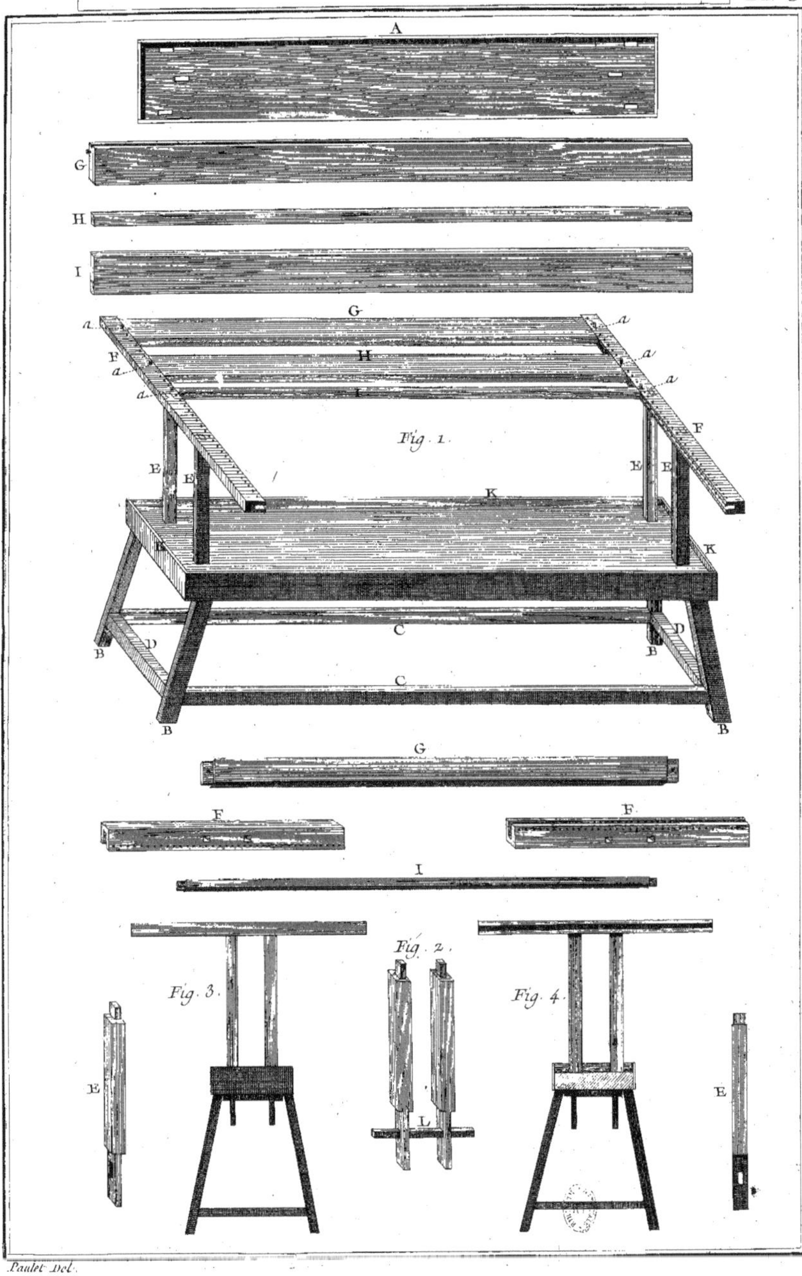

Paulet Del.

L'ART DE FAIRE LES REMISSES POUR LES ETOFFES DE SOIE. Pl. 4.

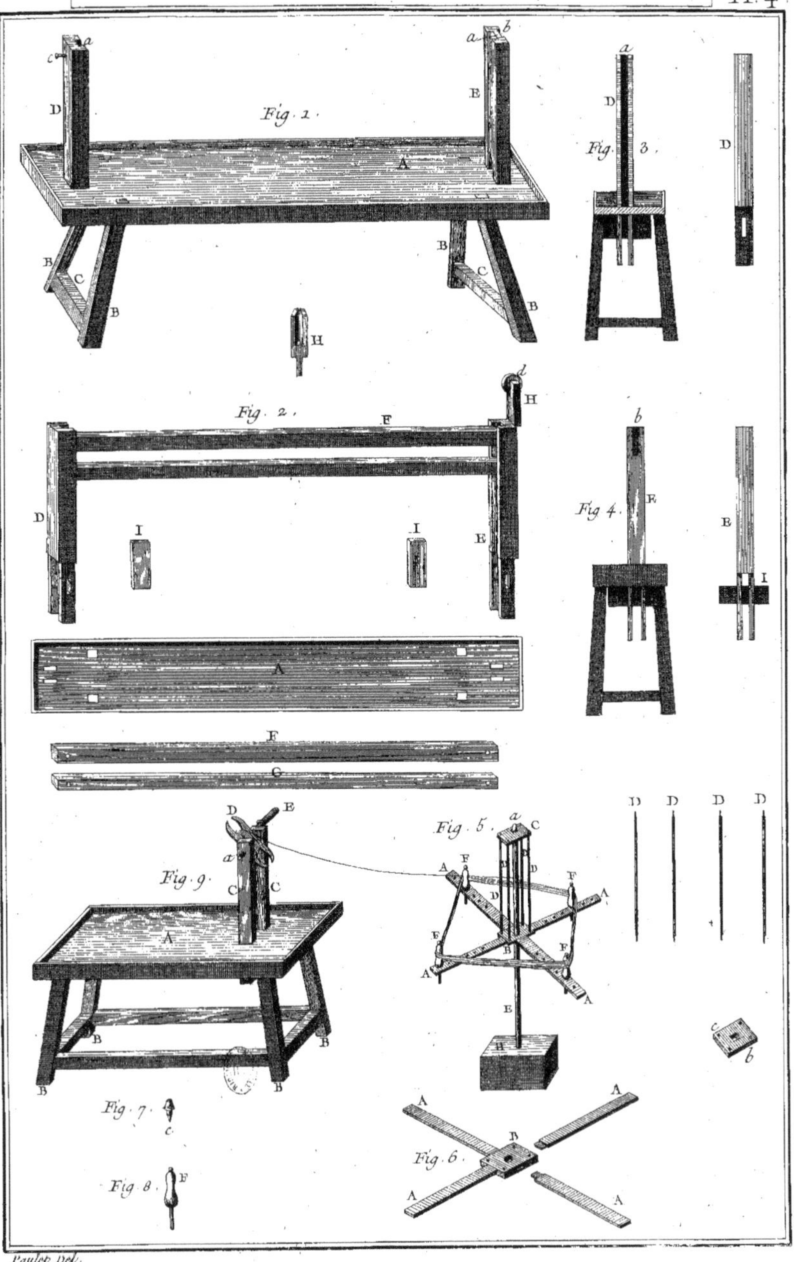

L'ART DE FAIRE LES REMISSES POUR LES ETOFFES DE SOIE. Pl. 5.

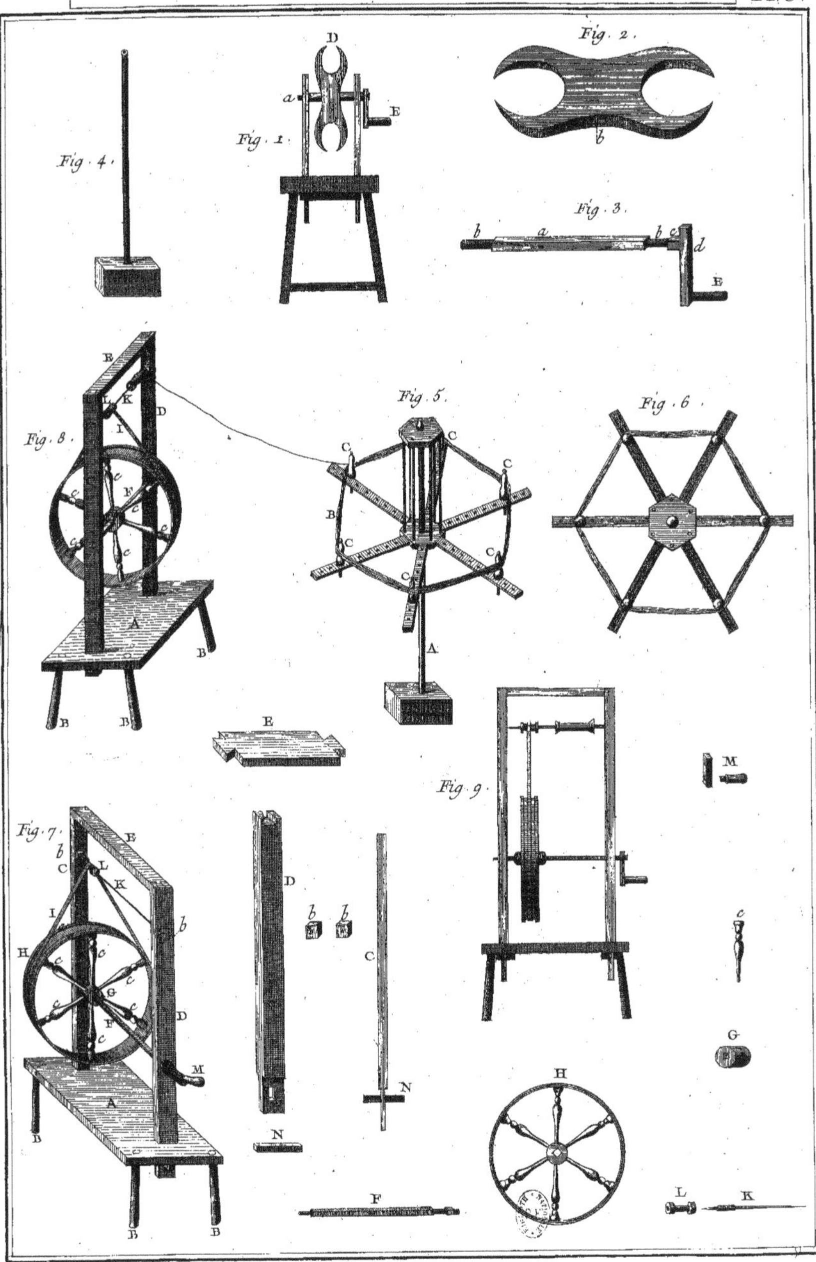

Paulet Del.

L'ART DE FAIRE LES REMISSES POUR LES ETOFFES DE SOIE. Pl. 6.

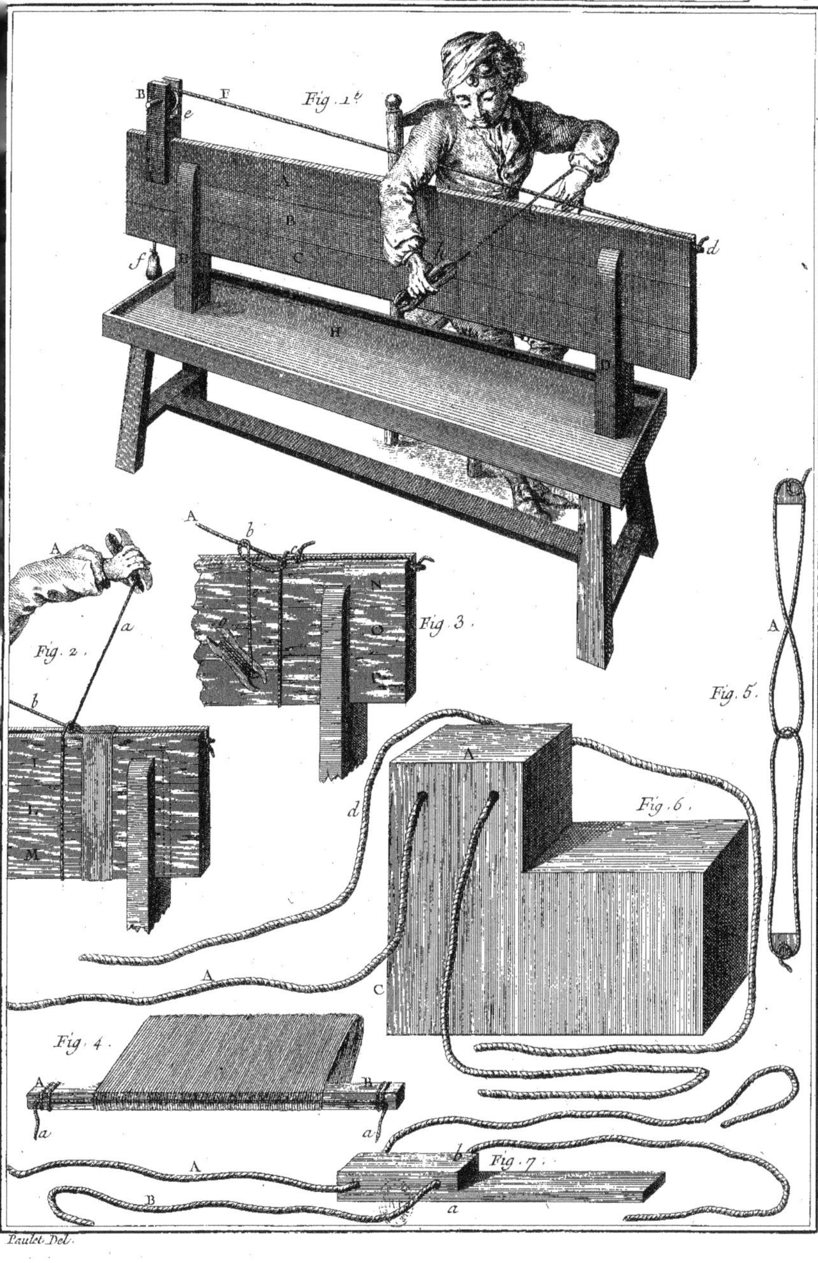

Paulet Del.

L'ART DE FAIRE LES REMISSES POUR LES ETOFFES DE SOIE. Pl. 7.

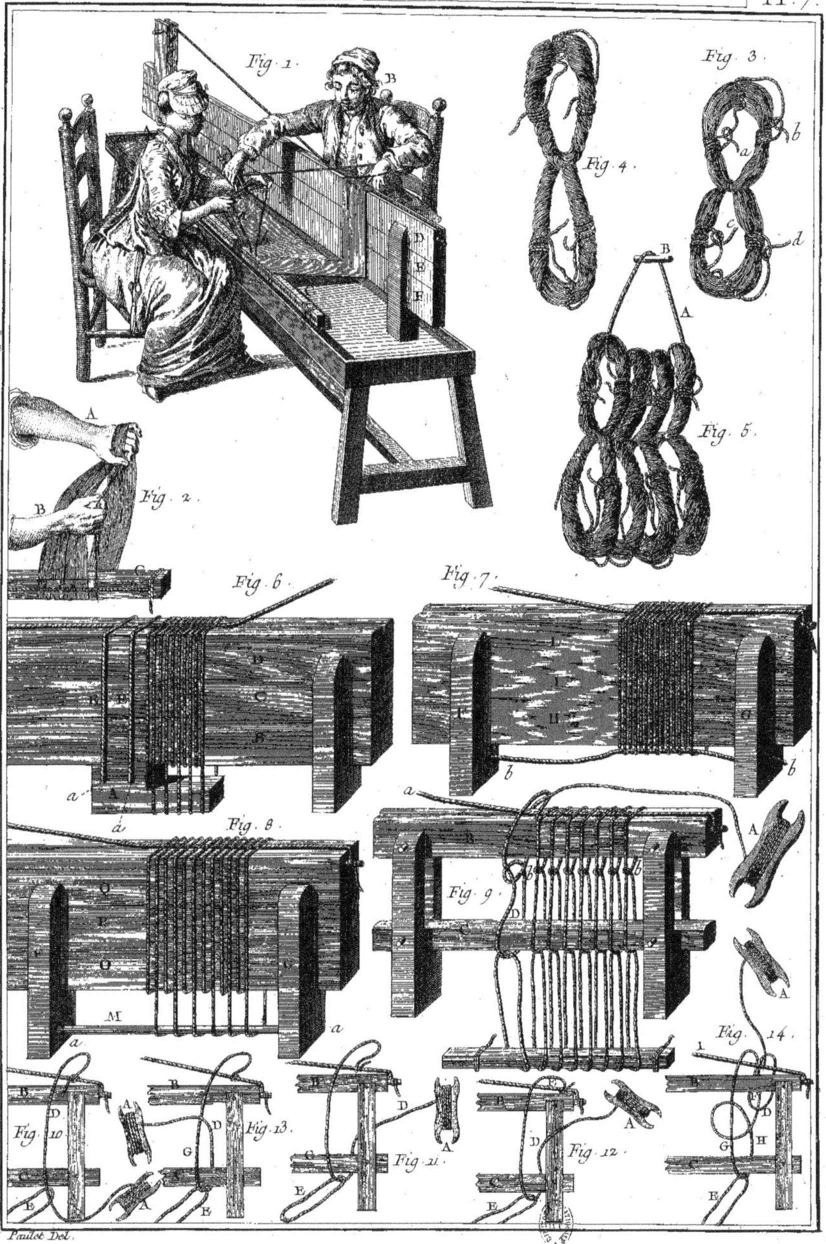

Paulot Del.

L'ART DE FAIRE LES REMISSES POUR LES ETOFFES DE SOIE. Pl. 8.

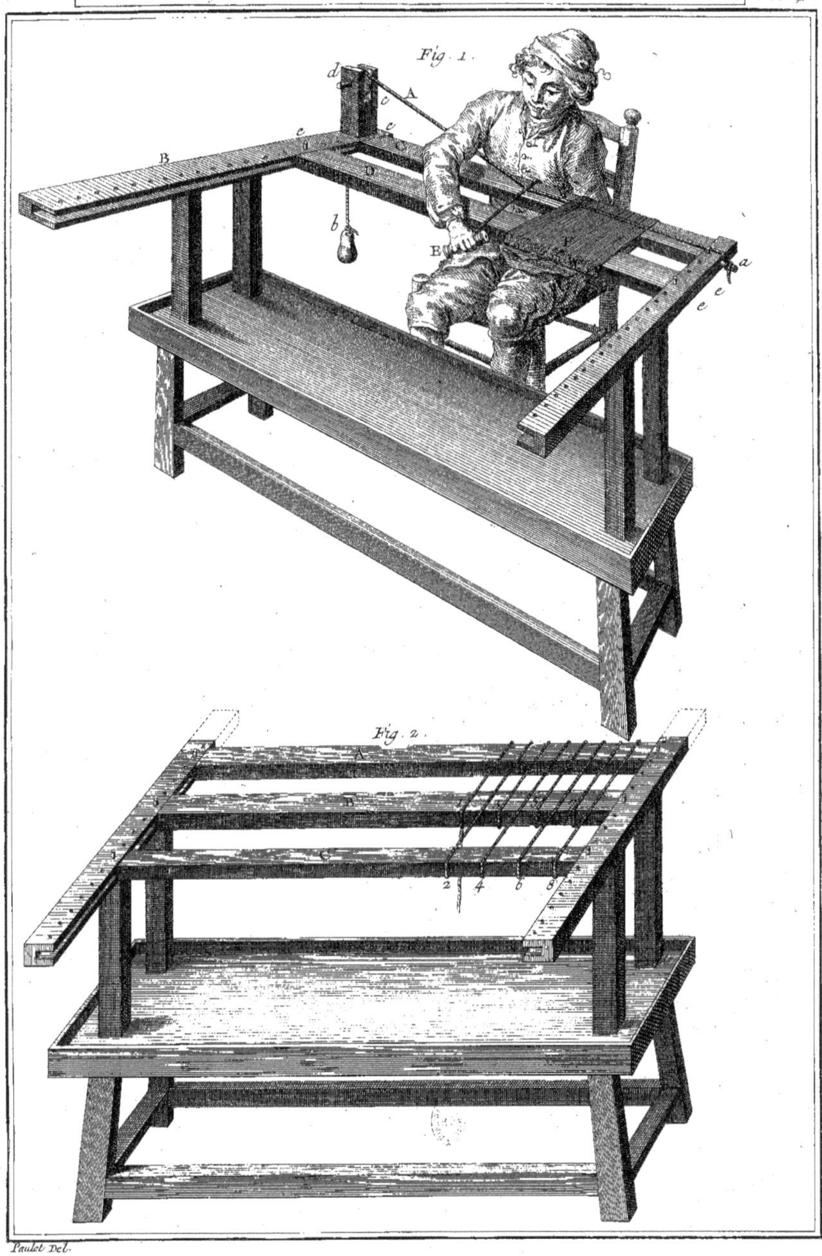

Paulet Del.

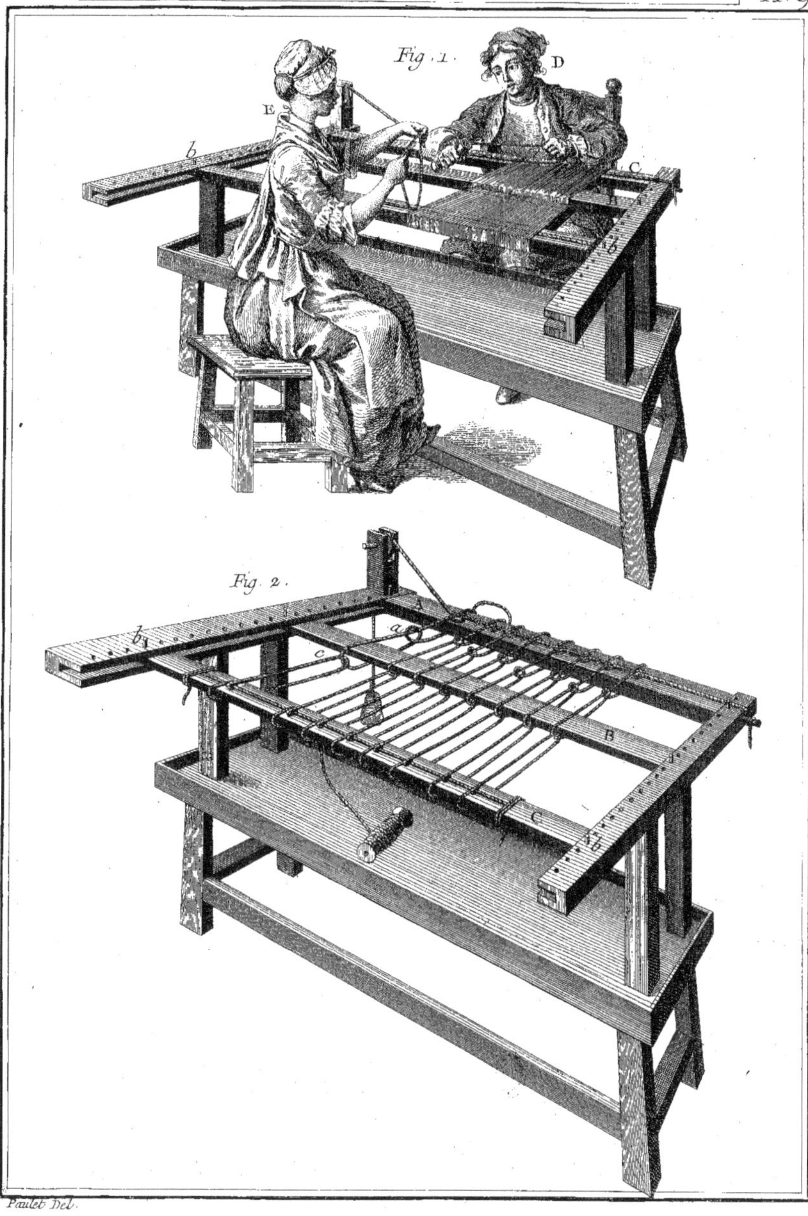

Paulet Del.

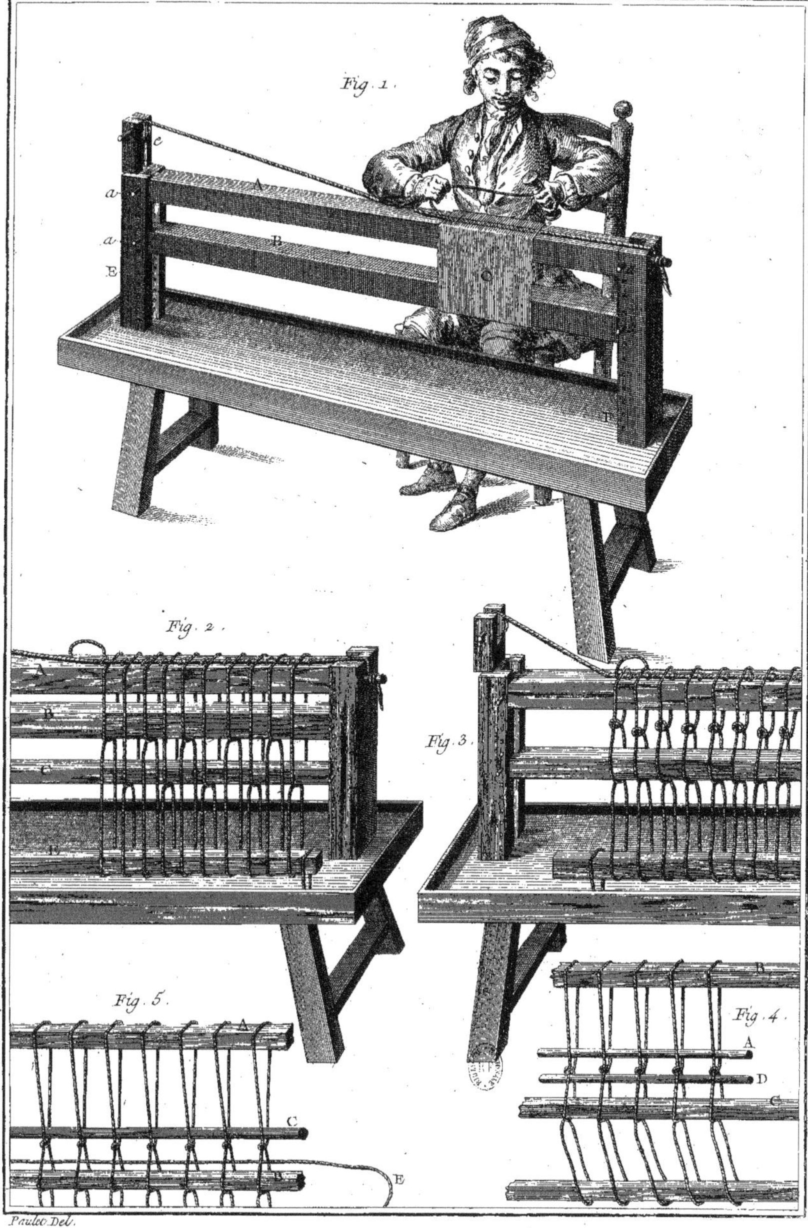

Paulet Del.

L'ART DE FAIRE LES REMISSES POUR LES ETOFFES DE SOIE.

Pl. II

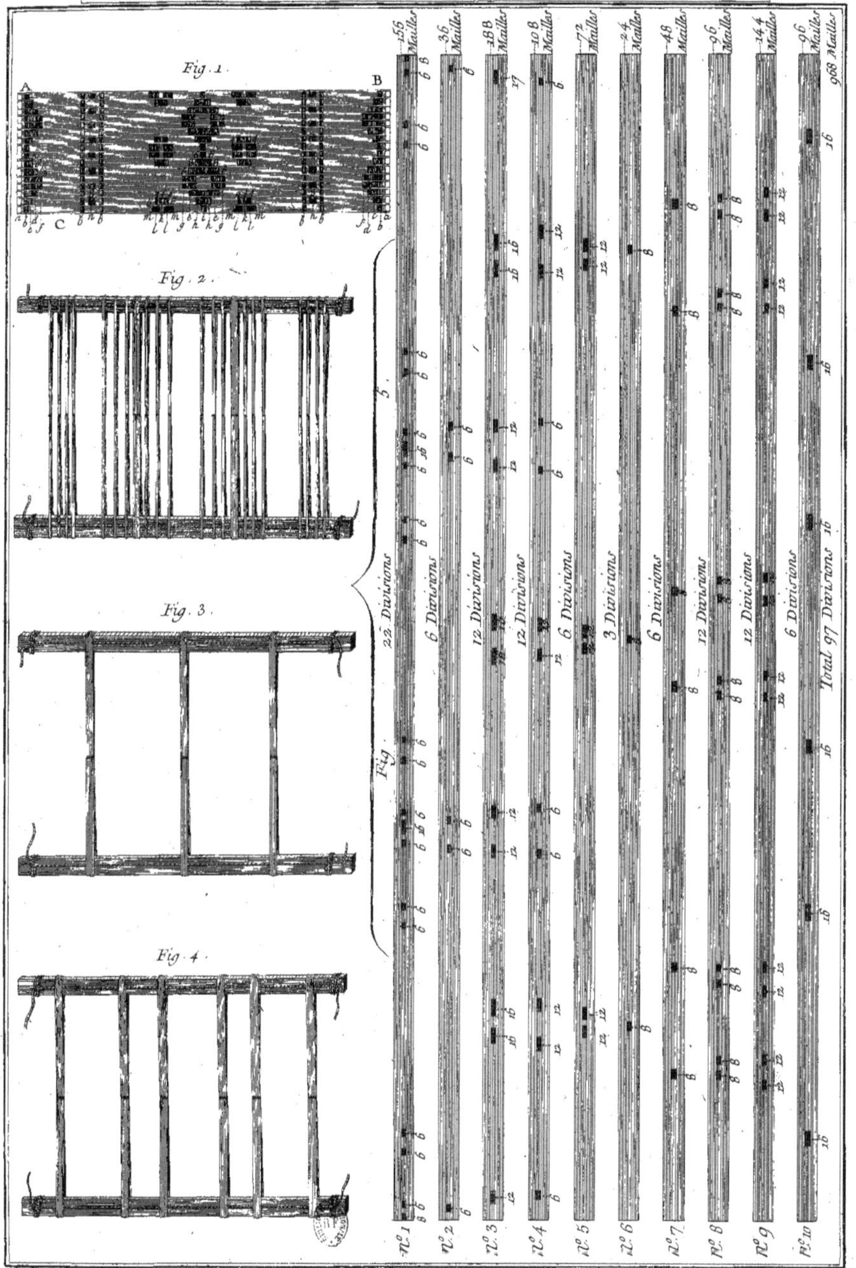

Paulet Del.

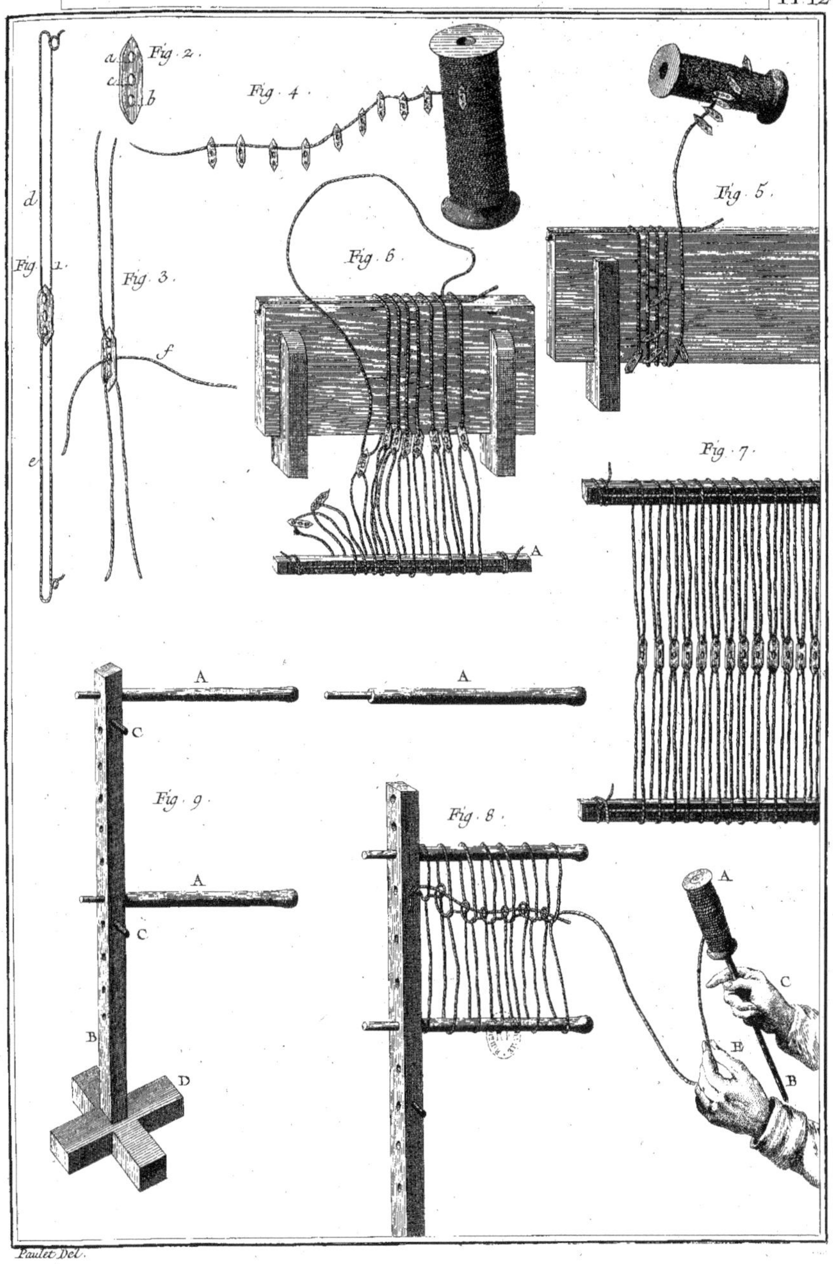

Paulet Del.

www.ingramcontent.com/pod-product-compliance
Ingram Content Group UK Ltd.
Pitfield, Milton Keynes, MK11 3LW, UK
UKHW022116190726
13855UKWH00003B/899

9 782013 05859